FORMADO
COM UM PROPÓSITO

ERIK REES

FORMADO
COM UM PROPÓSITO

BUSCA E REALIZAÇÃO DO SEU PROPÓSITO EXCLUSIVO PARA A VIDA

Tradução
Onofre Muniz

Vida

©2006, de Erik E. Rees
Título original
S.H.A.P.E.
edição publicada por
ZONDERVAN PUBLISHING HOUSE
(Grand Rapids, Michigan, EUA)

■

Todos os direitos em língua portuguesa reservados por Editora Vida

PROIBIDA A REPRODUÇÃO POR QUAISQUER MEIOS, SALVO EM BREVES CITAÇÕES, COM INDICAÇÃO DA FONTE.

Todas as citações bíblicas foram extraídas da *Nova Versão Internacional* (NVI), ©2001, publicada por Editora Vida, salvo indicação em contrário.

■

EDITORA VIDA
Rua Júlio de Castilhos, 280 Belenzinho
CEP 03059-000   São Paulo, SP
Tel.: 0 xx 11 6618 7000
Fax: 0 xx 11 6618 7050
www.editoravida.com.br
www.vidaacademica.net

Coordenação editorial: Sônia Freire Lula Almeida
Edição: Daniel Yoshimoto
Revisão: Nilda Nunes
Projeto gráfico: Beth Shagene
Diagramação: Set-up Time
Imagem da capa: Veer, PDP0322613

Dados Internacionais de Catalogação na Publicação (CIP)
(Câmara Brasileira do Livro, SP, Brasil)

Rees, Erik
    Formado com um propósito : busca e realização do seu propósito exclusivo para a vida / Erik Rees ; tradução Onofre Muniz. — São Paulo: Editora Vida, 2007.

    Título original: *S.H.A.P.E : finding & fulfilling your unique purpose for life*.
Bibliografia.
ISBN 978-85-7367-968-7

    1. Auto-realização (Psicologia) - Aspectos religiosos - Cristianismo 2. Espiritualidade 3. Vida cristã 4. Vocação - Cristianismo I. Título.

07-0602   CDD-248.4

Índice para catálogo sistemático:
    1. Vida cristã : cristianismo   248.4

SUMÁRIO

Prefácio à edição original – Rick Warren ... 7
Prefácio à edição brasileira – Luiz Sayão ... 9
Agradecimentos ... 11
Mensagem do autor ... 13

Descobrindo sua FORMA

Capítulo 1: Obra-prima ... 19
Capítulo 2: Formação espiritual ... 36
Capítulo 3: Opções do coração ... 62
Capítulo 4: Recursos pessoais ... 78
Capítulo 5: Modo de ser ... 94
Capítulo 6: Áreas de experiência ... 111

Abrindo sua vida

Capítulo 7: A rendição ... 133
Capítulo 8: Altruísmo ... 152
Capítulo 9: Melhor juntos ... 166

Liberando sua boa forma espiritual para a vida

Capítulo 10: Propósito no Reino ... 189
Capítulo 11: Passando adiante ... 220
Capítulo 12: Potencial pleno ... 238

Apêndice 1: FORMA para o Perfil de Vida   251
Apêndice 2: FORMA para o Planejamento de Vida   255
Apêndice 3: O melhor de todos os dons   259
Apêndice 4: Mensagem a pastores e líderes   261
Apêndice 5: Mensagem aos casais   265
Apêndice 6: Mensagem aos pais   267
Apêndice 7: Aplicando o que aprendeu em grupo –
   Guia de discussão   271

Notas   285

PREFÁCIO À EDIÇÃO ORIGINAL

Deus deu a cada pessoa feita por ele, uma habilidade especial para cumprir o seu propósito divino. Por exemplo, alguns animais correm, outros saltam, alguns nadam, outros escavam e alguns voam. Cada um tem seu papel específico a desempenhar baseado na maneira pela qual foi formado por Deus.

Isso é verdade tanto para você quanto para qualquer outro ser humano. Você foi projetado de maneira singular, conectado e "moldado" por Deus para fazer determinadas coisas. Você não é produto de uma linha de montagem, feito em larga escala e sem nenhum cuidado especial: é uma obra-prima original, singular, feita sob encomenda.

Em meu livro *Uma vida com propósitos*, apresentei o conceito de FORMA, um acróstico simples que criei há mais de vinte anos para ajudar as pessoas a se lembrarem de cinco fatores que Deus usa para nos preparar e equipar para o nosso propósito de vida. As cinco ferramentas são: **F**ormação espiritual, **O**pções do coração, **R**ecursos pessoais, **M**odo de ser e **Á**reas de experiência. Você é moldado para servir a Deus servindo a outras pessoas.

Agora, neste maravilhoso livro de Erik Rees, há muito esperado, temos uma explicação mais completa e detalhada das implicações do que vem a ser FORMA. Erik trabalha a meu lado na Igreja Saddleback há dez anos. Na qualidade de pastor de ministérios, seu trabalho é ajudar as pessoas em nossa família de fé a descobrir sua FORMA, a encontrar seu lugar e a experimentar a alegria de ser aquilo para o que Deus as criou. Ele é *apaixonado* por ajudar pessoas a descobrirem o potencial que receberam de Deus, e eu posso dizer, sem reserva, que Erik é a pessoa que mais pode ajudá-lo a discernir e a desenvolver a sua FORMA. *Formado com um propósito*, sem dúvida, será o texto-padrão sobre o assunto em muitos lugares de ensino.

Antes de projetar um edifício, o arquiteto primeiramente pergunta: "Qual será o seu propósito? A que servirá? Como será usado?" A função pretendida determina a forma do prédio. Antes de criar você, Deus decidiu o papel que você desempenharia neste mundo. Ele planejou a maneira exata pela qual queria que você o servisse e depois o modelou para as tarefas. Você é o que é porque foi feito para uma tarefa específica neste mundo.

Deus nunca desperdiça nada. Ele não lhe daria aptidões, interesses, talentos, dons, personalidade e experiência de vida, a menos que pretendesse usar tudo isso para a glória dele. Ao identificar e compreender esses fatores, você pode descobrir a vontade de Deus para sua vida. Garanto que se beneficiará grandemente com este livro.

Com mais de trinta milhões de leitores de *Uma vida com propósitos*, estamos vendo agora um movimento de *pessoas com propósitos* ao redor do mundo que estão abraçando e expressando sua forma exclusiva de servir a Deus e à humanidade. Eu o convido a juntar-se a nós!

Leia este livro com um amigo, depois o compartilhe com outros amigos. Informe-nos como *você* está usando a sua FORMA. Alegro-me só em pensar no quanto você irá crescer!

RICK WARREN

Pastor titular da Saddleback Valley Community Church,

em Lake Forest, Califórnia (EUA).

PREFÁCIO À EDIÇÃO BRASILEIRA

Desperdício! Sim! Desperdício é a palavra. É muito possível que o desperdício seja um dos principais problemas do mundo e da igreja em nossos dias. O problema dos recursos energéticos, da água e dos alimentos passam pelo grave e terrível problema do desperdício.

Em todo o mundo, as grandes empresas e organizações lutam contra o desperdício. Há muita literatura, diversos cursos e seminários que procuram eliminar o desperdício e favorecer o melhor desempenho de atividades e funções. Gasta-se muito tempo para eliminar o desperdício.

Quando olhamos para a igreja e seu ministério em todo o mundo, certamente vamos constatar o problema do desperdício até mais acentuado. Quantos cristãos potencialmente produtivos apenas "esquentam bancos"? Quantas igrejas estão "marcando passo", presas num tradicionalismo árido e infértil? Quantas organizações sofrem por administração frágil e irrefletida? Quantos pensadores, pastores, pregadores, professores, pesquisadores têm um péssimo desempenho em sua vida pessoal e ministerial? Quantos deles mostram-se perdidos e confusos? Eis o que este livro aborda!

Erik Rees, que serve a Deus na Igreja Saddleback, afirma que Deus deseja que nossa vida seja moldada para ser uma obra de arte. Isso significa que não somos "produto de fábrica". Cada um de nós é uma obra de arte singular, feita por Deus. Diante da realidade de que temos apenas uma vida, é nossa responsabilidade encontrar a nossa missão específica. O processo de encontrar o propósito de Deus para a vida e para o ministério passa pela descoberta de nossos dons espirituais e pela correta compreensão de nossa personalidade, potencial e experiências. Nesta obra, Erik

Rees ensina como "chegar lá". O livro é uma espécie de manual daquele que deseja servir a Deus com a qualidade e com o desempenho que Deus merece.

Merece destaque o fato de que o autor não apenas encontra a questão vital que precisa ser discutida e tratada na realidade da igreja contemporânea, mas também discute o assunto com arte e maestria. Muitas são as histórias cotidianas presentes na obra. Os exercícios práticos e didáticos dão valor ainda maior ao livro. O colorido da obra é mais atraente quando vemos a interação que Rees faz com Rick Warren e outros autores cristãos de renome.

A grande verdade é que idéias maravilhosas e propostas grandiosas pululam por toda a parte. O problema nosso hoje, entretanto, não é ter muitas idéias novas e sugestões mirabolantes. A necessidade da igreja é permitir que idéias simples e pessoas comuns entrem em combinação a fim de que nosso potencial seja posto em prática para glorificar o nosso Deus. Falando em pessoas comuns com idéias simples que fazem diferença na história, parece-me que há um livro que conta exatamente isso. Se não me engano, esta grande obra tem 66 livros, 1.189 capítulos e...

Deixemos a divagação e passemos para a ação. Afinal, está na hora de partir para a prática e entrar em forma. O servo Erik Rees já preparou *Formado com um propósito*, agora chegou a hora de experimentar e beber!

Boa degustação.

LUIZ SAYÃO
Linguista, teólogo e hebraísta

AGRADECIMENTOS

Embora esta página tenha sido uma das últimas a serem escritas, as seguintes nunca teriam existido não fossem as pessoas aqui mencionadas. Sinto-me realmente pequeno entre vocês todos.

Ao meu Pai celestial. Fico desesperado sem ti! Como sou fraco sem ti, ó Deus. Agradeço-te por conceder-me o privilégio de ajudar teu povo a aceitar a singularidade de cada um e a compreender o propósito da vida deles. Que todos os que aceitarem o que me chamaste a escrever te glorifiquem com suas vidas em todo o mundo. O fato de teres me permitido escrever para ti é apenas mais uma evidência de tua graça e bondade imerecidas.

A Stacey, amor da minha vida, digo: "Eu amo você!" Eu não seria capaz de escrever algo para Deus se você não me tivesse ajudado a encontrá-lo. Sou para sempre grato por seu constante amor, perdão e encorajamento. Por sua causa, sou um homem melhor!

A Shaya, Jessica e JT eu digo: "Que saudades de vocês! Vocês foram pacientes demais comigo enquanto eu tentava equilibrar a redação deste livro com o nosso "tempo de diversão". Quero que saibam e sintam que vocês e a mamãe são minhas prioridades".

A Jeff, Joy, J., Cheri, Scott, Kasey, Jeff e Rocio eu digo: "Muito obrigado!" Vocês são o melhor pequeno grupo que já conheci. Suas constantes orações, amor, encorajamento, conselho e sabedoria ajudaram-me a ser o homem que sou hoje. Serei eternamente grato a vocês.

Mark, Peg e Shelly, agradeço a vocês. O apoio, a pesquisa, a edição e o encorajamento constantes de cada um mantiveram-me escrevendo nos momentos em que eu senti vontade de parar. Muito obrigado!

Querido grupo pessoal de conselheiros, saibam que estou melhor graças a vocês. Obrigado pelo treinamento e pelo aprimoramento constantes. Eu não poderia estar onde estou hoje sem o investimento que fizeram em mim.

À minha família da Igreja Saddleback, digo: "Vocês me inspiram". São os mais humildes e cuidadosos servos de Deus que conheço. É um grande privilégio servir a Deus com vocês. Que Deus continue a abençoá-los enquanto perseveram em abençoar o povo de Deus.

Aos incontáveis homens e mulheres que compartilham a mesma paixão de ver pessoas alcançando seu potencial pleno em Cristo, digo: "Obrigado por preparar o caminho!" É fato que vocês me carregam nos ombros. Seus textos e ensinos tiveram grande impacto em mim e inspiraram-me de muitas maneiras. Quero agradecer especialmente os textos de meu pastor, Rick Warren, de meu mentor, Tom Paterson, e o excelente trabalho de John Ortberg, Os Guinness e Arthur F. Miller. Com honra e um coração agradecido, continuo o trabalho que vocês começaram há muitos anos, compartilhando esta mensagem com a próxima geração.

MENSAGEM DO AUTOR
Obtendo o máximo de sua jornada

Estou encantado por você ter abraçado este desafio. Não é por acaso! Deus está agindo em sua vida e existe algo que ele deseja que você entenda, algo que vai liberar o seu potencial e o poder dele em você. O fato de ler este livro significa que você é um aprendiz, alguém que quer experimentar o pleno potencial de Deus. Talvez tenha percebido que a vida é muito mais do que o que você está vivendo hoje. Talvez você queira honrar a Deus com sua vida, tornando-se a pessoa que ele planejou que você fosse e contribuindo como ele deseja.

Em seu *bestseller*, *Uma vida com propósitos*, Rick Warren expõe cinco propósitos compartilhados por todos os cristãos: adoração, comunhão, discipulado, ministério e evangelismo. No final do livro, Rick desafia seus leitores a considerarem uma série de perguntas, e uma delas é: "Qual será a contribuição da minha vida?". *Formado com um propósito* ajudará você a responder a essa pergunta crucial.

Enquanto Rick foca os propósitos de vida *em comum*, este livro se concentra em ajudá-lo a encontrar e a cumprir o propósito *específico* de Deus para a sua vida, aquilo que libera suas forças e paixões para a glória dele. Descobrir seu propósito específico de vida abre a maravilhosa oportunidade de usar o que você recebeu de Deus para servir as pessoas de sua geração: cumprir o seu propósito máximo e viver uma vida com significado. Como Rick diz: "Servir é o caminho para quem quiser ser importante. É por meio do ministério que descobrimos o sentido da vida".[1]

MENSAGEM DO AUTOR

A jornada à frente

O caminho em direção ao significado é uma incrível jornada com Deus. Embora exija grande esforço, ele trará alegria à sua vida como nunca houve, e paz como nenhuma outra.

Deixe que Deus o guie para o seu próprio alto da montanha. Descanse em seus braços e deixe que ele o tire do barulho e do estresse da vida. Maravilhe-se ante o surpreendente panorama que ele oferece para ajudá-lo a discernir quem você é e o modo singular como ele o criou.

Durante o tempo de exílio das distrações barulhentas do mundo, ouça com obediência enquanto Deus lhe pede para esvaziar a mala que você, aos poucos, vem enchendo com preocupações e desejos criados pelo homem. Receba de seu Pai celeste o alívio da dor e da confusão que lhe sobrecarregam e afastam dele.

Permita que o amor de Deus segure sua mão. Siga sua voz quando ele o levar a buscar o apoio de outros que também farão esta jornada com você. Antes de começar a descida, você estará a caminho de compreender o propósito máximo para a vida. Quando os desejos de Deus se alinham com os seus sonhos, você terá confiança para aceitar sua tarefa específica no Reino.

Deus lhe mostrará os passos a serem dados na caminhada para cumprir o seu propósito de vida, inspirando-o a buscar não uma carreira, mas um chamado. Ao chegar ao pé da montanha, pode ser que você encontre aqueles que ama e aos quais foi escolhido para ministrar. Com a sabedoria de Deus, você investirá em cada um deles para que também descubram o seu propósito de vida.

Esta jornada com Deus vai deixá-lo cheio de energia e cada vez mais focado em terminar a vida com fidelidade e realização.

De fato, esta jornada já ajudou milhares, se não milhões, de pessoas em todo o mundo a descobrir o projeto especial que receberam de Deus e a diferença específica que elas devem fazer aqui para a glória dele.

Idade, sexo, profissão, nada disso importa. Tenho visto mães encontrarem tempo para fazer diferença dentro de casa. Tenho visto pastores aceitarem sua singularidade, comprometendo-se a ajudar outros a fazerem o mesmo. Tenho visto universitários potencializaram seus cursos quando compreendem o plano de Deus. Tenho visto presidentes de empresas e professores ganharem nova paixão por seus dons e um maior desejo de mostrar o amor de Deus às pessoas que influenciam. Tenho visto estudantes do ensino médio serem aquilo que Deus quer que eles sejam, e não o que os amigos e a cultura lhes impõem. Tenho visto aposentados encontrarem propósito e visão renovados para a vida. A verdade é que Deus fez a todos e a cada um de forma exclusiva — e isso inclui você!

Considere fazer esta jornada com alguém

Durante minha pesquisa para este livro, relembrei o valor das amizades. Mais de 90% das pessoas entrevistadas apontaram para *alguém*, e não apenas para algum princípio, que tenha desempenhado um papel vital em ajudá-las a encontrar e a cumprir o propósito específico de suas vidas. Eu mesmo uso toda uma equipe para ajudar a me manter firme naquilo que Deus me chamou a fazer em seu nome.

Se alguma pessoa lhe vem à mente, alguém com quem você poderia iniciar esta viagem transformadora de vida, convide-a.

Uma oração por sua jornada

Pai santo, por favor mostre o modo especial como me criaste. Leva-me aonde for necessário, para que eu possa experimentar a ti como nunca antes. Incendeia o meu coração. Deixa-o arder eternamente por aquilo com o que o Senhor mais se importa: pessoas. Que meus sonhos e desejos possam ser os teus.

Senhor, eu quero ser conhecido como alguém que faz diferença. Mostre-me o caminho e a tua vontade para que eu possa te seguir.

MENSAGEM DO AUTOR

Reconheço plenamente que não sou nada sem ti. Concede-me contínua graça, amor e sabedoria enquanto faço esta jornada contigo.

Deus, dá-me forças para enfrentar meus temores ao longo do caminho. Enche-me com o teu amor. Torna minhas intenções puras e honradas. Ensina-me as coisas que ainda preciso aprender para que eu possa verdadeiramente honrar-te com minha vida. Concede-me fé mais do que nunca. Ajuda-me a dar menos valor a meu conforto e a ficar mais perto do teu chamado.

Pai, ajuda-me a descobrir e a cumprir o propósito específico para o qual me criaste a fim de que eu possa fazer a tua obra em minha geração para a tua glória. Amém.

É dada a largada!

Descobrindo sua forma

Capítulo 1

OBRA-PRIMA

Só você pode ser você

Porque somos criação de Deus
realizada em Cristo Jesus
para fazermos boas obras,
as quais Deus preparou antes
para nós as praticarmos.
Efésios 2.10

Em vez de tentar tomar outra forma para ser como outra pessoa,
você deve celebrar a forma que Deus lhe deu.
Rick Warren, Uma igreja com propósitos

Você é uma obra-prima.

Durante meu primeiro ano de faculdade, escolhi aulas de arte que não faziam parte do meu currículo obrigatório, apenas por diversão (bem, sendo honesto, fui às aulas por causa de uma linda garota matriculada no curso). Uma de nossas tarefas era estudar obras em exposição nos museus e galerias de arte da região. Por isso, certo dia, um colega de classe e eu fomos a uma mostra de arte.

A diretora da galeria era uma mulher interessante com um entusiasmo genuíno pelo que fazia. Quando ela nos apresentou a um artista local, fiquei perplexo com a profunda paixão que ele tinha pelo próprio trabalho. O artista tinha plena confiança em sua aptidão. Ele elogiou muito suas criações, destacando que cada uma era original, feita sob encomenda. Fiquei maravilhado com sua cuidadosa atenção a cada detalhe. Para um artista, cada obra é única, formada primeiro na mente antes de ser produzida de fato. Ele explora detalhadamente cada milímetro de sua criação antes de dizer que está completa.

Existe um outro Artista, o Grande Mestre, cuja atenção para o detalhe e cujo interesse por sua criação sobrepujam em muito qualquer artista que você já tenha visto numa galeria. As Escrituras dizem:

> *Eu te louvo porque me fizeste de modo especial e admirável.*
> *Tuas obras são maravilhosas!*
> *Digo isso com convicção.*
> *Meus ossos não estavam escondidos de ti quando em secreto fui formado e entretecido como nas profundezas da terra.*
> *Os teus olhos viram o meu embrião;*
> *todos os dias determinados para mim*
> *foram escritos no teu livro antes de qualquer deles existir*
>
> Salmos 139.14-16

A Bíblia diz que você é criação especial do Deus todo-poderoso, feito à imagem dele para que a sua vida possa fazer diferença significativa no Reino. O Deus de todo o Universo começou fazendo de você uma

1. OBRA-PRIMA

obra-prima, quando ainda tomava forma no útero de sua mãe. E Deus mesmo soprou vida em você.

Deus não cria nada sem valor. Ele é o artífice maior. E ele o projetou especificamente para que você cumpra um papel singular no seu plano supremo de estabelecer o Reino neste mundo. Embora cada um de nós tenha cometido erros que dificultam a conclusão do trabalho, ainda somos uma obra especial das mãos do Criador. Ele gasta tempo para saber a respeito da nossa vida diária. De fato, neste exato momento ele está sorrindo, alegrando-se muito enquanto você busca descobrir a obra-prima que é para ele.

A Bíblia diz: "Porque somos criação [obra-prima] de Deus realizada em Cristo Jesus para fazermos boas obras, as quais Deus preparou antes para nós as praticarmos". (Ef 2.10).

Esse versículo ajuda-nos a compreender que, se queremos descobrir a nossa missão, o propósito de nossa vida, temos primeiro de olhar para a obra-prima que Deus nos fez ser. Os livros de auto-ajuda dizem que se deve *olhar para dentro*, e eu estou dizendo que a chave para viver como devemos é *olhar para Deus* e pedir-lhe que nos ajude a descobrir nossa singularidade. Depois de descobrir *quem* você é, então comece a descobrir *o que* Deus planejou para você, a maneira específica pela qual ele o projetou para fazer diferença no mundo.

Outra tradução de Efésios 2.10 usa a palavra *feitura* para descrever a nossa singularidade. Ela vem do grego *poiema* e significa literalmente "obra de arte" e é a raiz da palavra *poema*, em português. Você é uma obra de Deus, e só algo bom e o melhor vêm da mão dele. Como o artista que da sucata faz uma escultura surpreendente, Deus toma nossa vida com tudo o que ela tem e a transforma numa obra-prima.

Exclusivo

Você não apenas é uma obra-prima moldada pelas mãos amorosas de Deus, mas também uma exclusiva obra de arte divina. Tal como uma pintura ou escultura original, você é único. Não existe ninguém como você e esse é exatamente o motivo pelo qual seu Pai celestial deseja que você descubra o quanto é especial e único. Como diz Rick Warren em *Uma vida com propósitos*, "Somente você pode ser você mesmo. Deus projetou cada um de nós de modo que não houvesse réplica em todo o mundo. Ninguém tem exatamente a mesma composição de fatores que tornam você tão único".[1]

Talvez esta seja a razão pela qual você pegou este livro. Deseja descobrir o quanto é único e especial. Está entusiasmado com a idéia de que Deus está fazendo de você uma obra-prima, mas não consegue ver isso na realidade da sua vida.

Quero que saiba que não é o único a ter esses sentimentos. Como pastor, trabalho com muitas pessoas que compartilham o mesmo anseio. Descobri que as pessoas verdadeiramente *querem* ser o que Deus quer que elas sejam e desejam genuinamente fazer a tarefa para a qual ele as chamou. Mas a maioria simplesmente não tem as ferramentas para chegar lá.

O livro que você tem em mãos foi desenvolvido para conduzi-lo num processo comprovado, guiado pelo Espírito Santo, para descobrir a pessoa exclusiva que Deus criou para que você seja, começar a encontrar e a cumprir o propósito específico de Deus para a vida.

Temos uma tradição natalina em nossa família segundo o qual todas as crianças trazem seu livro favorito para que eu leia para elas. Depois de ler o que elas escolheram, leio para elas a minha escolha, o envolvente livro infantil *Você é especial*,[2] de Max Lucado. Gosto muito desse livro por várias razões, mas especialmente porque ele me faz lembrar que os meus filhos são únicos aos olhos de Deus.

Lucado conta a história dos Wemmicks, uma comunidade de pessoas feitas de madeira pintada. As condições da pintura delas varia amplamente, de brilhante e novo a lascado e descascando. Todos os dias são distribuídos adesivos no vilarejo dos Wemmicks. Alguns deles recebem estrelas douradas, enquanto outros apenas bolinhas cinzentas.

Certo dia, Punchinello, a personagem principal, se dá conta de que são os bonitos e brilhantes Wemmicks que conseguem as estrelas,

1. OBRA-PRIMA

enquanto os de pintura velha e descascada recebem as indescritíveis bolinhas cinzentas. Ele observa que suas próprias bolinhas são todas cinzas e conclui que ele não deve ter muito valor, como têm os Wemmicks.

Então, Punchinello conhece Lúcia, que não usa estrelas nem bolinhas. Quando ela explica que os adesivos nunca grudam nela, Punchinello decide que deseja também ficar "livre" dos adesivos. Lúcia leva Punchinello para conhecer Eli, criador de todos os Wemmicks, e Punchinello fica maravilhado em saber que Eli o ama exatamente da forma em que o fez. Eli explica que os adesivos só grudam naqueles que permitem que eles fiquem grudados.

Você é especial desenvolve bem o significado do amor incondicional. Embora destinado a crianças, eu mesmo sou encorajado. Gosto de como Eli, o afetuoso escultor em madeira, gasta tempo para ajudar Punchinello a ver o quanto ele era especial, independentemente do que os outros pensavam ou diziam a seu respeito. Tais como Punchinello, todos nós precisamos gastar tempo com uma visita ao nosso Criador. De que outra forma ele pode nos demonstrar o quanto permanecemos separados de todas as suas outras obras de arte?

Deus quer que você verdadeiramente compreenda e aceite ser a pessoa que ele fez você ser. Ele deseja que você experimente a libertação que vem simplesmente de viver como a pessoa que ele planejou.

Quando se trata de ser exclusivo, gosto muito de como meu mentor, Tom Paterson, aborda o assunto:

> O fascinante para mim é que literalmente tudo o que Deus faz é exclusivo, cada pessoa, animal, flor, árvore e cada folha de grama. Ele não faz nada com cópia. Mesmo os gêmeos idênticos possuem sua própria singularidade. Isso deveria significar que a nossa individualidade é uma incumbência sagrada, e o que fazemos com ela é o nosso presente a Deus. Nossa melhor contribuição na vida, o nosso "tudo para Ele", só pode ser feita quando permitimos que Deus termine sua obra em andamento e aperfeiçoe a nossa singularidade. Viver sem descobrirmos a nossa singularidade é não viver de verdade. Penso que Deus fica magoado quando seus filhos deixam de atingir o potencial que ele pôs dentro deles.[3]

Ou pense no que Max Lucado diz a respeito da singularidade em *Cure for the Common Life* [Cura para a vida comum]:

> Leonardo da Vinci pintou uma *Monalisa*, Beethoven criou uma *Quinta Sinfonia* e Deus fez uma versão de você. E você é ela! Você é o único você que existe. E, se não temos você, não temos nenhum outro você. Você é a única chance que temos de você. Você pode fazer coisas que ninguém mais pode fazer do jeito que você faz. Você é mais do que uma coincidência de cromossomos e hereditariedade, mais do que apenas o produto da linhagem de alguém. Você foi feito de maneira singular...
>
> Contudo, você pode ser qualquer coisa que quiser? Se você é feito de forma singular — agora pare e pense nisso —, se você é feito de forma singular, pode realmente ser aquilo que quiser? Se você não leva jeito para trabalhar com números, pode ser contador? Se você não tem gosto pela terra, pode ser lavrador? Se você não tem jeito com crianças, nem as aprecia, pode realmente ser professor? Bem, você pode ter qualquer uma dessas profissões, mas será alguém infeliz e insatisfeito. Você pode ser um dos 87% dos trabalhadores que não gostam do seu trabalho, um dentre as 80% das pessoas que dizem: "Eu não uso meus talentos diariamente". Você pode ser uma estatística.[4]

Lucado conclui seu comentário com estas palavras poderosas: "Você pode ser qualquer coisa que quiser ser? Eu acho que não. Mas você pode ser tudo o que Deus quer que você seja? Certamente sim. E você de fato só consegue isso descobrindo sua singularidade".

Amigo, espero que seu coração bata com expectativa e entusiasmo sabendo que Deus começará a revelar sua singularidade a você à medida que as páginas à frente forem viradas.

O seu propósito exclusivo

Deus o criou como uma obra-prima exclusiva porque ele tem um propósito específico para você — uma "contribuição" específica e única que só você pode dar.

1. OBRA-PRIMA

O que isso significa? A sua contribuição é o serviço singular para o qual Deus o criou, um ministério que só você pode realizar. É a missão específica que Deus lhe deu para realizar por ele neste mundo. É o que eu gosto de chamar de seu exclusivo *Propósito no Reino*.

Eu defino Propósito no Reino como... *a sua contribuição específica para o corpo de Cristo em sua geração, o que o torna totalmente dependente de Deus e o faz mostrar com autenticidade o amor dele a outras pessoas — tudo por meio da expressão da FORMA exclusiva que você tem*. A Bíblia diz: "A cada um, porém, é dada a manifestação do Espírito, visando ao bem comum" (1Co 12.7).

O seu Propósito no Reino é mais um caminho do que uma carreira. É um comissionamento especial de Deus para que você faça uma significativa diferença aqui. É a bandeira que você carrega e agita para a glória de Deus. Não me entenda mal, a sua carreira pode lhe dar a base para dirigir o seu Propósito no Reino, mas não o *define*.

Descobri que a maior parte das pessoas, entre elas me incluo, tendem a definir seus propósitos de vida baseadas em uma destas três coisas: nas *tendências*, no que as outras pessoas *dizem*, ou na *verdade*. Quando deixamos que as tendências guiem a nossa vida, estamos simplesmente vivendo para nos ajustarmos aos atuais estilos do mundo. Quando deixamos que os outros nos digam o que devemos fazer, estamos vivendo para agradar a eles e ganhar sua aprovação. Entretanto, quando deixamos que a verdade de Deus defina o nosso Propósito no Reino, submetendo-nos à sua autoridade e desejando agradar a ele, somos capazes de levar uma vida de significado eterno, realização e impacto no Reino.

De fato, o seu Propósito no Reino é muito mais um reflexo de sua fidelidade a Deus. A Bíblia define a fé como a certeza daquilo que esperamos aconteça (Hb 11.1). Quanto mais tempo passamos com Deus, mais aprendemos sobre sua bondade e fidelidade, e mais forte se torna a nossa fé. Aprendemos na Palavra de Deus que sem fé é impossível agradar a Deus (Hb 11.6).

Esse capítulo da Bíblia, o décimo primeiro de Hebreus, apresenta uma lista de pessoas comuns que, pela fé, realizaram coisas extraordinárias para Deus, entre elas Noé, Abraão, José, Moisés e Raabe. Ao longo dos anos tenho tido o privilégio de ver milhares de pessoas comuns viverem o seu Propósito no Reino por meio de uma firme confiança em Deus.

Uma dessas pessoas é John Baker, homem extraordinário que Deus tem usado de forma extraordinária. Durante muitos anos, John lutou contra o vício do álcool. Isso quase lhe custou o casamento, a família e a vida. Felizmente, John teve um encontro com Deus em sua igreja local. Aquele ponto decisivo levou-o a escrever a seu pastor uma extensa carta, esboçando a visão para um ministério que ele acreditava estar sendo dada por Deus. Ele confessou também seus sentimentos de inadequação para assumir tal responsabilidade. Pouco tempo depois, o pastor desafiou John a ir atrás de seu sonho.

No ano seguinte, John iniciou um novo ministério chamado Celebrando a Recuperação, um processo bíblico para ajudar as pessoas a encontrar a libertação dos vícios por meio do amor e da graça de Jesus Cristo. Nos dez anos seguintes, Deus usou John para libertar centenas de pessoas do domínio de estilos de vida destrutivos. Em 2004, o presidente George W. Bush expressou publicamente seu reconhecimento a John por levar esperança a pessoas feridas. Hoje, o Celebrando a Recuperação é um ministério internacional que ajuda milhões de pessoas a superar um passado doloroso e vícios danosos por meio do misericordioso e poderoso amor de Jesus.

Se você encontrasse John Baker, veria um sujeito comum que compreendeu todas as coisas que Deus o fez ser, as positivas e as dolorosas, e que escolheu usá-las para a glória do Senhor. Com a ajuda e a direção de Deus, John fez e continua fazendo diferença cumprindo seu exclusivo Propósito no Reino.

Deus está continuamente procurando pessoas comuns como John que estejam dispostas a deixar que ele as use para fazer diferença no Reino. De grandes executivos a motoristas de ônibus, de professores a aficionados por tecnologia, de donas de casa a músicos mambembes, de dentistas a proprietários de lojas, Deus deseja usar pessoas comuns de maneiras extraordinárias. Isso inclui *você*!

1. OBRA-PRIMA

Você aceita o desafio de descobrir e realizar o seu Propósito no Reino? Lembre-se que a Bíblia diz: "Seja forte e corajoso! Não se apavore, nem desanime, pois o Senhor, o seu Deus estará com você por onde você andar" (Js 1.9).

Com esse encorajamento, sinta-se desafiado a investir no Reino de Deus de modo que seu legado ainda permaneça muito depois de você ter partido. Seja um contribuinte, não um consumidor. Para algumas pessoas, como John Baker, isso significa trocar carreira por ministério de tempo integral. Para a maioria de nós, entretanto, descobrir e realizar o Propósito no Reino significa descobrir como Deus quer que ministremos nos caminhos e relacionamentos de nossa vida diária, que são dados por ele. Para todos nós, significa determinar que permitiremos que Deus nos use para impactar a eternidade e deixar um legado celestial no mundo.

Sua FORMA especial

Como uma das criações personalizadas de Deus, o seu potencial para o significado e a excelência é revelado pela FORMA que Deus lhe deu. O conceito de FORMA foi desenvolvido por Rick Warren, que escreve: "Toda vez que Deus nos dá uma missão, ele nos capacita com o que precisamos para realizá-la. A combinação sob medida de suas capacidades é a FORMA"[5] e aponta cinco características específicas:

- *Formação espiritual*: Conjunto de habilidades especiais concedidas por Deus para que você compartilhe o amor dele e sirva as pessoas.
- *Opções do coração*: Paixões especiais que Deus lhe deu para que você possa glorificá-lo no mundo.
- *Recursos pessoais*: Conjunto de talentos que Deus lhe deu ao nascer e que ele quer que você use para causar impacto em nome dele.
- *Modo de ser*: A maneira especial pela qual Deus o equipou para conduzir a vida e cumprir o seu exclusivo Propósito no Reino.

- **Áreas de experiência**: Áreas do seu passado, tanto positivas como dolorosas, que Deus pretende usar de forma extraordinária.

Rick continua:

> Quando Deus criou os animais, deu a cada um deles uma especialidade. Alguns animais correm, outros saltam, alguns nadam, outros escavam e alguns voam. Cada um tem um papel específico a desempenhar baseado na maneira pela qual foi moldado por Deus. O mesmo é verdade com relação aos seres humanos. Cada um de nós foi exclusivamente projetado, ou moldado por Deus para fazer determinadas coisas.
>
> A mordomia sábia da sua vida começa pela compreensão da sua FORMA. Você é singular, maravilhosamente complexo, uma composição de muitos fatores diferentes. Aquilo para que Deus o fez determina o que ele pretende que você faça. O seu ministério é determinado pelo seu modo de ser.
>
> Se você não compreende a sua FORMA, acaba fazendo coisas que Deus nunca pretendeu ou projetou que você fizesse. Quando os seus dons não atendem ao papel que você deve desempenhar na vida, você se sente como um pino quadrado num orifício redondo. Isso é frustrante, tanto para você como para os outros. Isso não só produz resultados limitados, como é também um enorme desperdício de seus talentos, tempo e energia.

Outra tarefa de que me lembro daquela aula de arte na faculdade, envolvia o uso de uma roda de oleiro para criar algum objeto de barro. Levei três semanas tentando dominar o uso daquela roda, com pouco sucesso. Minha falsa alegação de tigela não se aproximava nem um pouco do que chamamos de "arte". A linda garota da classe, entretanto, *conseguia* fazer belos vasos. O barro parecia adquirir vida em suas mãos enquanto seus dedos hábeis lhe davam a forma que desejava. Ela conseguia fazer o torno girar na velocidade perfeita e aplicava a pressão correta à argila.

1. OBRA-PRIMA

Lembro-me do professor de arte dizendo-nos que, enquanto o barro é maleável, basta uma pequena pressão para moldá-lo. O oposto também é verdade. Quando o barro está duro e resistente, muito mais pressão é necessária para moldá-lo como o oleiro deseja.

Essa verdade está bastante evidente numa passagem do livro de Jeremias:

> Esta é a palavra que veio a Jeremias da parte do SENHOR: "Vá à casa do oleiro, e ali você ouvirá a minha mensagem". Então fui à casa do oleiro, e o vi trabalhando com a roda. Mas o vaso de barro que ele estava formando estragou-se em suas mãos; e ele o refez, moldando outro vaso de acordo com a sua vontade. Então o SENHOR dirigiu-me a palavra: "Ó comunidade de Israel, será que eu não posso agir com vocês como fez o oleiro?", pergunta o SENHOR. "Como barro nas mãos do oleiro, assim são vocês nas minhas mãos" (Jr 18.1-6).

Aqui Deus nos apresenta um claro e bonito quadro para explicar seu relacionamento conosco. Ele é o mestre artesão; nós somos como barro em suas mãos. O seu papel é moldar-nos cuidadosamente; o nosso é permanecer maleáveis, permitindo assim que ele aja. É surpreendente como o processo funciona bem quando nós cooperamos! Como enfatizou o profeta Isaías: "Contudo, SENHOR, tu és o nosso Pai. Nós somos o barro; tu és o oleiro. Todos nós somos obra das tuas mãos" (Is 64.8).

Quando permitimos que as mãos de Deus nos moldem amorosamente, submetemo-nos a seu propósito em nos criar. Deus projeta especialmente cada um de nós para fazer a sua vontade aqui. Cada um de nós é intencionalmente moldado para cumprir o plano específico que ele tem para cada um. A compreensão desse maravilhoso conceito deve produzir em nós o desejo de aceitar com humildade e gratidão o papel para o qual Deus nos criou.

Quando alcançamos esta posição de coração, quando nos tornamos maleáveis e receptivos à amorosa pressão de Deus, compreendemos que seu propósito é o de nos formar para um papel especial que somente nós somos capazes de cumprir.

Apenas seja você

Se fosse possível pressionar um botão "voltar" em minha vida, você veria que durante muitos anos estive fugindo daquilo para o que Deus me criou. Eu queria ganhar muito dinheiro antes de fazer alguma diferença eterna. Sou eternamente grato às pessoas que me ajudaram a substituir minha vida confusa e atravancada pela claridade e segurança da verdade de Deus. Enquanto o mundo gritava para que eu olhasse e vivesse como outras pessoas, a voz de Deus se elevou acima de todo o barulho com uma clara mensagem: "Erik, apenas seja você!" Hoje eu vivo na liberdade de ser aquilo que Deus planejou que eu fosse. Essa liberdade me dá um foco incrível e uma realização perene.

Quanto a isso eu não sou especial. Acredito de todo coração que Deus tem a mesma mensagem para você.

Você não foi criado para se conformar. Não foi criado para se comparar. Não foi criado para competir. Não foi criado para fazer concessões. Você foi criado para contribuir para o Reino de Deus e fazer uma significativa diferença com sua vida. Você foi criado para *apenas ser você*!

Deus está dizendo a cada um de nós: "Apenas seja você". Seja quem eu o formei para ser. Eu lhe dei uma nova vida, a vida de Cristo, por isso você pode fazer diferença significativa no mundo. Faça o que eu planejei para você. Sirva outros além de você mesmo. Estou à sua espera para abençoar sua vida neste mundo e recompensar seus esforços no céu". A pergunta é: Você irá receber a grandiosidade que Deus tem para você? Você cumprirá as tarefas especiais de Deus para a sua vida?

Enquanto você se apronta para descobrir e potencializar sua FORMA exclusiva dada por Deus, quero levá-lo de volta mais uma vez à galeria de arte que visitei na época da faculdade.

Havia muitas reproduções famosas naquele estúdio. Numa das paredes havia uma das mais importantes obras-primas de Henri Matisse, *A dança*.[6] Embora esse fosse um tema recorrente para Matisse, somente aquela composição havia alcançado sua total paixão e ressonante

1. OBRA-PRIMA

expressividade. A força da dança é captada num atordoante frenesi de vermelho, azul e verde, unindo homem, céu e terra.

Em outra parede estava a obra-prima de Claude Monet, *Os lírios d'água*, na qual o artista experimentou a interação de luz e água. A luz do sol apaga os limites entre os objetos e seus reflexos. Embora decorativos na superfície, a série *Os lírios d'água* personifica uma filosofia mais profunda.

A última obra-prima que eu vi foi *A noite estrelada*,[7] de Vincent Van Gogh, talvez a sua obra mais querida. A cena retratada na pintura praticamente parece mover-se na tela, com foguetes de amarelo brilhante e planetas girando como fogos de artifício sobre colinas que ondulam e se alteiam.

Imaginemos agora, por um momento, que a esses quadros esteja pendurado um retrato de sua vida. Com o que ele parece? Quais os detalhes particulares? Qual é o título? A tela está cheia de lindas cores, ou é confusa e desorganizada? Você gostaria de ver uma pintura de sua vida como ela é, ou prefere a obra-prima que Deus quer criar?

Não importa se sua vida ainda não parece uma obra-prima de Deus. A boa arte leva tempo para ficar pronta. A Palavra de Deus promete que "aquele que começou boa obra em vocês, vai completá-la até o dia de Jesus Cristo" (Fp 1.6b). Ele promete que continuará trabalhando em você até que a obra de arte da sua vida esteja tão boa quanto a do próprio Jesus (ver Efésios 4.13).

Eu espero que você se lance neste processo de descoberta com entusiasmo e expectativa, cheio da confiança de que o barro ou o pincel inspirem as mãos do mestre artista. Pense em cada um dos próximos capítulos como uma cor específica que Deus irá usar para dar vida à sua obra-prima. Deixe que ele componha os detalhes que quer usar para a glória dele. À medida que a obra-prima toma forma, veja-a como dádiva de Deus e compreenda que o que você faz com sua vida é o seu modo de retribuir a ele.

Desfrute o tempo com o seu Mestre!

APLICANDO O QUE APRENDEU

Você encontrará ao final de cada capítulo esta seção especial, planejada para ajudá-lo a ir da *informação* (o que a Bíblia diz a respeito de você) à *aplicação* (como você mudará sua vida por causa dessas verdades). Se você está percorrendo este material com outra pessoa, este é um ótimo lugar para compartilhar seu aprendizado. Se você está compartilhando o material com um grupo de pessoas, confira o Apêndice 7: "Aplicando o que aprendeu em grupo".

■ ■ ■ ■ ■

Toda jornada tem um ponto de partida. Hoje é o ponto de partida da sua jornada de descoberta de mudança de vida. Antes de começar, separe um tempo para marcar o seu ponto de partida. Onde você está hoje, exatamente agora, no começo de sua aventura com Deus? A lista a seguir o ajudará a marcar o ponto com mais precisão. Leia cada afirmação e indique a sua situação atual fazendo um círculo no número mais apropriado: 3 = (sim), 2 = (um pouco), 1 = (não). Quando terminar, some os números para a sua pontuação.

O meu propósito exclusivo de vida, dado por Deus, é claro	3	2	1
Meus dons espirituais estão sendo usados	3	2	1
Minhas paixões estão sendo utilizadas por Deus	3	2	1
Minhas habilidades naturais estão sendo usadas para servir outros	3	2	1
Minha personalidade me ajuda a servir outros	3	2	1
Meu propósito se destaca em muitas de minhas experiências	3	2	1
Minha vida é completamente entregue a Deus	3	2	1
Minhas atitudes e ações refletem um coração de servo	3	2	1
Minha responsabilidade com outros é constante	3	2	1
Minha agenda mostra como estou investindo nas pessoas	3	2	1
Meu plano para cumprir o propósito de Deus está definido	3	2	1

Total: _____

1. OBRA-PRIMA

Onde você está hoje?

Um Propósito no Reino bem definido (25 ou mais pontos) — Com base em suas respostas, suas virtudes dadas por Deus parecem claras e o propósito específico de Deus para você é conciso. Sua vida está equilibrada e lhe traz realização duradoura. Você se esforça para viver submisso a Deus e por isso pode encontrar liberdade em seu papel de servo. Você tem uma sólida equipe para quem presta contas e que oferece o encorajamento e apoio que você precisa para ser fiel ao plano de Deus. Você investe regularmente na vida de outras pessoas. O seu plano mestre está focado em potencializar as virtudes que Deus lhe deu. Você sente que está vivendo verdadeiramente a vida para a qual foi designado.

Se sua pontuação atingiu este nível, este livro ajudará você a esclarecer mais o que Deus lhe deu, e dá a ele a oportunidade de confirmar aquilo que você já está fazendo em favor dele.

Um Propósito no Reino fragmentado (15 a 25 pontos) — Com base em suas respostas, o seu propósito de honrar a Deus parece atravancado. Suas virtudes estão um pouco confusas pelo fato de você estar sobrecarregado em muitas áreas da vida, algo que todos conhecemos bem. Há momentos em que você pensa estar usando seus dons para a glória de Deus, mas existem também questões, emoções e desejos em sua vida que ainda precisam ser submetidos a Deus para que você possa viver a vida que ele lhe reservou. A sua responsabilidade com outros pode não ser tão constante como Deus, ou mesmo você, gostaria. Você deseja investir em outros, mas não separa tempo para isso. Você tem algumas metas estabelecidas, mas nenhum plano mestre para garantir que o seu propósito será cumprido. O resultado é uma realização intermitente. De vez em quando você sente estar vivendo a vida para a qual foi feito, mas deseja maior clareza.

Se esse é o seu caso, este livro ajudará você a descobrir as virtudes que Deus lhe deu e o propósito específico para o qual ele o criou.

Um Propósito no Reino frustrado (menos de 15 pontos) — Com base em suas respostas, você está confuso a respeito do propósito de vida que Deus tem para você. Você precisa de uma idéia clara de quem é e tem poucos indícios do objetivo para o qual Deus o criou. Você desconhece as virtudes que recebeu de Deus. Submissão e serviço não são assuntos com os quais você se envolveu neste estágio de sua jornada com Deus. Você não se sente seguro em ser transparente com os outros. Investir em pessoas não é atualmente a prioridade de sua vida.

De modo geral, sua vida não está equilibrada como você gostaria que estivesse. Dificilmente encontra realização. Admite não ter uma clara estratégia para a vida. Talvez você até sinta que na maior parte do tempo está apenas sobrevivendo.

Muitas pessoas passam pela vida confusas. Se você está entre elas, agradeça a Deus por ele ter colocado uma ferramenta em suas mãos que irá substituir sua confusão por clareza e segurança.

■ ■ ■ ■ ■

Agora que você sabe onde está hoje, a pergunta é: Onde você gostaria de estar quando terminar de ler este livro? O que você deseja que Deus faça em sua vida enquanto você passa tempo com ele?

Para registrar este momento, escreva um bilhete para Deus no espaço a seguir, pedindo-lhe que o ajude a ver o quanto você é especial e o propósito específico que ele tem especialmente para você.

■ ■ ■ ■ ■

1. OBRA-PRIMA

Querido Deus,

_____

_____

_____

_____

_____

_____

_____

_____

(Não esqueça de assinar e colocar a data)

Capítulo 2

FORMAÇÃO ESPIRITUAL

Descobrindo os tesouros que Deus nos deu

> Irmãos, quanto aos dons espirituais,
> não quero que vocês sejam ignorantes.
> **1Coríntios 12.1**

> Seus dons espirituais não foram concedidos
> para seu benefício, mas para benefício de outros.
> **Rick Warren**

> Eu costumava pensar que os dons de Deus
> estavam em prateleiras — um sobre o outro — e que
> quanto mais crescêssemos, mais fácil seria
> alcançá-los. Descobri agora que os dons de Deus
> estão em prateleiras — e que quanto mais nos
> inclinamos, mais dons conseguimos.
> **F. B. Meyer**

2. FORMAÇÃO ESPIRITUAL

Você recebeu dons para fazer grandes coisas.

Existe algo mais divertido do que ver as crianças abrindo presentes de Natal? Minha esposa, Stacey, e eu temos três filhos. A manhã de Natal em nossa casa é uma loucura! Nossos filhos pulam da cama bem cedo e descem correndo as escadas para ver o que Papai Noel deixou para eles debaixo da árvore. Quando encontram presentes com seus nomes escritos, abaixam-se e é papel voando em todas as direções!

Como pai, tenho um prazer especial em assistir a cada um deles desfrutar aquele momento. O meu coração fica cheio de amor quando seus olhos brilham de entusiasmo pela descoberta. Fico encantado quando eles me pedem para mostrar-lhes como usar os presentes. Minha alma enche-se de satisfação quando os vejo começando a brincar com as coisas que Stacey e eu escolhemos especialmente para eles.

Imagine essa cena com os dons espirituais. Quando Deus planejou a obra-prima que faria de sua vida, ele decidiu dar a você dons que o capacitariam a compartilhar efetivamente o amor dele, dando assim sua contribuição única ao Reino de Deus. Ele lhe concedeu habilidades espirituais e espera ansiosamente que você as descubra. Tenho certeza de que o coração do Senhor se enche de alegria quando ele nos vê descobrir e usar os dons espirituais que nos deu. Deveríamos estar tão entusiasmados como crianças no dia de Natal ante a expectativa de desembrulhar esses tesouros.

No livro *19 Gifts of the Spirit* [19 Dons do Espírito], Leslie B. Flynn escreve: "Você é um filho agraciado de Deus. O fato de que você deve alcançar outras pessoas com seus dons faz de você também um ministro. Para todo dom que Deus lhe concede, o Espírito planejou uma área de serviço. Assim, nenhum filho deve ter complexo de inferioridade. Ao contrário, a consciência de ser um filho agraciado com dons para trabalhar num determinado ministério deve estar em sintonia com cada necessidade psicológica dessa pessoa de sentir-se querida e importante".[1]

Eu sempre vejo pessoas carregando pesadas cargas de frustração por tentarem servir em áreas para as quais têm pouca ou nenhuma aptidão. Por outro lado, as pessoas mais realizadas e eficientes que observo estão trabalhando em áreas que combinam exatamente com os dons que Deus deu a elas.

Durante muitos anos, Trisha acreditou ser "apenas" a coordenadora de um ministério e sentia-se um pouco insatisfeita com isso. Aos cinqüenta anos, ela finalmente compreendeu que Deus a havia capacitado para ser administradora de equipe.

— Parece que a equipe funciona com mais eficiência quando eu uso meus dons, e quando os outros usam os deles — diz ela. — De agora em diante, vou desfrutar a maravilhosa oportunidade de expressar o que Deus me deu.

Talvez você acredite que não tem um dom. Brent, membro por toda a vida da Igreja Saddleback, comentou certa vez:

— Tudo que eu faço é rodar o programa de música computadorizada para o nosso ministério na faculdade.

Quando ele olhou, entretanto, para sua vida pelas lentes dos dons espirituais, Brent se deu conta de que seu dom de servir era vital para o sucesso do ministério na faculdade.

Ou talvez você seja como Jeff e Joy, que me disseram:

— Nós somos apenas pais. Não temos muito tempo para dar uma contribuição com nossa vida neste momento.

Quando eles aprenderam que Deus lhes havia dado dons de encorajamento, liderança, administração e misericórdia, ficaram muito animados ao perceber que Deus os havia moldado para ajudar seus quatro filhos a viverem como Deus havia planejado.

Compreendendo os dons espirituais

No princípio, todo esse assunto de dons espirituais pode parecer misterioso, complicado e difícil mas, na verdade, é exatamente o oposto. Deus nos deu dons maravilhosos, e não é difícil descobri-los e usá-los.

2. FORMAÇÃO ESPIRITUAL

Em 1Coríntios 12.1, Paulo diz: "Irmãos, quanto aos dons espirituais, não quero que vocês sejam ignorantes". A palavra *ignorante* aqui não significa "tolo" ou "ingênuo". Paulo está dizendo que, se ficarmos mal-informados, vamos perder os maravilhosos dons que Deus nos deu. O Pai celestial quer que seus filhos estejam plenamente informados para que possam descobrir cada dom que receberam. Seus dons são a chave para realizar o Propósito no Reino que ele separou especialmente para você. Quando essa verdade finalmente entrou em minha vida, finalmente comecei a pensar direito. De repente senti um profundo desejo de compreender tudo sobre dons espirituais.

Como pastor, ouço várias perguntas a respeito dos dons espirituais. Quando examinamos o que a Bíblia diz, descobrimos as respostas de Deus a essas perguntas.

O que são os dons espirituais?

Vamos começar esclarecendo o que eles não são. Primeiro, os dons espirituais não são suas características pessoais. Um teste de personalidade não é um indicador adequado dos dons espirituais de uma pessoa. De suas características pessoais, entretanto, provêm os veículos naturais para a expressão dos seus dons. Por exemplo, se Deus o preparou para ser comunicativo, então seus dons funcionarão melhor à medida que você interage ativamente com outras pessoas. Se você é mais reservado por natureza, a sua personalidade complementará o seu dom.

Segundo, os dons espirituais não são o mesmo que talentos naturais. Você pode ser um arquiteto, um vendedor ou um administrador muito talentoso, mas essas coisas não são dons espirituais. Leslie B. Flynn explica: "Os talentos dizem respeito a técnicas e métodos; dons, a aptidões espirituais. Os talentos dependem de poder natural; os dons, de concessão espiritual".[2]

Terceiro, os dons espirituais não são o mesmo que o fruto descrito em Gálatas 5.22,23: amor, alegria, paz, paciência, amabilidade, bondade, fidelidade, mansidão e domínio próprio. O fruto do Espírito revela a contribuição de Cristo ao nosso caráter, já os dons espirituais revelam a contribuição que nós damos ao Reino de Deus.

Então, o que *são* os dons espirituais? Para atender a este estudo, vamos definir dom espiritual como *habilidade especial dada por Deus, recebida pelo crente ao se converter por meio do Espírito Santo, para compartilhar o amor de Deus e fortalecer o corpo de Cristo*. A Bíblia diz em 1Pedro 4.10 que é Deus quem dá o dom: "Cada um exerça o dom que recebeu para servir os outros, administrando fielmente a graça de Deus em suas múltiplas formas".

Gosto demais de como Os Guinness, em seu livro *The Call* [O chamado], fala sobre o papel dos dons espirituais. Ele diz: "O propósito do dom é a mordomia e o serviço, não o egoísmo".[3]

Deus abençoa-nos com habilidades especiais por razões específicas. Os dons espirituais só funcionam de forma espiritual. Planejados para dar colorido e clareza à sua vida, eles só podem ser usados em seu potencial pleno quando capacitados pelo Espírito Santo, que habita a vida de cada cristão. Só aqueles que entraram num relacionamento pessoal com Cristo têm esses dons.

Por que Deus concede dons espirituais?

Paulo diz em 1Coríntios 12.7: "A cada um, porém, é dada a manifestação do Espírito, visando ao bem comum". Os dons espirituais que Deus dá a você não são propriedade sua nem dizem respeito a você. Eles não são concedidos para melhorar a sua auto-imagem ou para servir de recompensa especial de Deus. Eles não foram concedidos para lhe trazer grandeza ou orgulho humano. Eles são seus para o propósito singular de abençoar o corpo de Cristo, a igreja. É por isso que você precisa fazer parte de uma igreja. Descobrir os seus dons espirituais não deve ser seu objetivo maior, mas sim usá-los para abençoar outras pessoas.

Todo mundo recebe um dom?

A Bíblia afirma que todo cristão recebe dons de Deus: "Cada um tem o seu próprio dom da parte de Deus; um de um modo, outro de outro" (1Co 7.7b). Você pode não se sentir maravilhosamente agraciado, mas Deus diz que você é. Todo cristão tem pelo menos um dom espiritual.

Como pastor e trabalhando com o conceito da FORMA em Saddleback, aprendi que as pessoas descobrem seus dons ao ministrar a outras pessoas. Quanto mais você serve a Deus no ministério, mais claramente verá os seus dons.

Deus concede dons a todos, não apenas a pessoas "especiais". Não é necessário ter qualificações especiais, não é exigido nenhum nível de maturidade, nem sequer um tempo totalmente particular em sua jornada com Jesus. *Se você é cristão, então o Espírito vive em você. Se o Espírito vive em você, então você tem os dons espirituais que usará para a glória de Deus e para benefício de outros.*

(Se você está lendo isto e não tem certeza de ter um relacionamento pessoal com Deus, vá ao Apêndice 3: "O melhor de todos os dons", e fique certo de que você o tem.)

Pode ser que você desconheça os dons que tem ou ainda não tenha começado a usá-los, mas definitivamente você os tem. Isso é verdade, porque é uma promessa de Deus. É ele quem decide quais dons lhe dar. Não importa *quantos* você tem, mas sim como irá descobri-los e desenvolvê-los.

Quando fazemos uso daquilo que Deus nos deu, ajudamos as pessoas, Deus é honrado e nos sentimos realizados. Como já foi mencionado, o melhor lugar para conhecer seu dom é sua igreja, o corpo de Cristo onde Deus o colocou. Se você não está envolvido com uma comunidade local, aconselho-o a encontrar uma para poder experimentar as muitas bênçãos que são derramadas na vida daqueles que pertencem a uma igreja.

Descobrindo os dons espirituais

Talvez agora você compreenda a grande importância dos dons espirituais. Contudo, compreender sem experimentar é como ver os presentes embaixo da árvore de Natal sem abri-los. Descobrir seus dons espirituais ajudará você a ver que é uma obra-prima criada por Deus e que, por isso, pode viver de maneira significativa servindo outras pessoas.

Existem duas maneiras de descobrir seus dons: (1) examinar quais dons você acha que tem e então (2) servir em várias áreas com o objetivo de ver quais lhe trazem maior realização e os melhores resultados para Deus. Testes elaborados para identificar seus dons e habilidades não podem tomar o lugar da experiência sem igual que é envolver-se em diferentes tipos de serviço. Rick Warren diz:

> Muitos livros apresentam esse processo de descobrimento de trás para a frente. Eles dizem: "Descubra seu dom espiritual, e então saberá a que ministério se dedicar". Isso na verdade funciona de forma exatamente oposta. Comece a servir, experimentando diferentes ministérios, e então descobrirá seus dons. Enquanto não estiver efetivamente envolvido em servir, não descobrirá sua aptidão.[4]

Assim, vamos começar a conhecer o que Deus define como dons espirituais. Para isso, precisamos olhar cinco passagens da Escritura:

> Temos diferentes dons, de acordo com a graça que nos foi dada. Se alguém tem o dom de profetizar, use-o na proporção da sua fé. Se o seu dom é servir, sirva; se é ensinar, ensine; se é dar ânimo, que assim faça; se é contribuir, que contribua generosamente; se é exercer liderança, que a exerça com zelo; se é mostrar misericórdia, que o faça com alegria (Rm 12.6-8).

> Pelo Espírito, a um é dada a palavra de sabedoria; a outro, pelo mesmo Espírito, a palavra de conhecimento; a outro, fé, pelo mesmo Espírito; a outro, dons de curar, pelo único Espírito; a outro, poder para operar milagres; a outro, profecia; a outro, discernimento de espíritos; a outro, variedade de línguas; e ainda a outro, interpretação de línguas (1Co 12.8-10).

> Assim, na igreja, Deus estabeleceu primeiramente apóstolos; em segundo lugar, profetas; em terceiro lugar, mestres; depois os que realizam milagres, os que têm dons de curar, os que têm dom de

2. FORMAÇÃO ESPIRITUAL

prestar ajuda, os que têm dons de administração e os que falam diversas línguas (1Co 12.28).

E ele designou alguns para apóstolos, outros para profetas, outros para evangelistas, e outros para pastores e mestres (Ef 4.11).

Sejam mutuamente hospitaleiros, sem reclamação. Cada um exerça o dom que recebeu para servir os outros, administrando fielmente a graça de Deus em suas múltiplas formas (1Pe 4.9,10).

Podemos reunir, com base nessas passagens, uma lista de vinte dons espirituais:

- Administração
- Apostolado
- Conhecimento
- Contribuição
- Cura
- Discernimento
- Encorajamento
- Ensino
- Evangelização
- Fé

- Hospitalidade
- Interpretação
- Liderança
- Línguas
- Milagres
- Misericórdia
- Pastoreio
- Profecia
- Sabedoria
- Socorro

Em vez de querer escolher o seu dom, permita que a Escritura o guie àqueles que são particularmente seus. Peça a Deus que mostre como ele quer que você use os seus dons para realizar a obra dele no mundo. Ao fazer isso, você pode descobrir que seus desejos são, na verdade, reflexos dos dons espirituais que Deus lhes deu.

Talvez você seja como Becky, que desconhecia ter dons que serviam a um propósito legítimo. Certa vez, as lentes da FORMA conseguiram focar os dons espirituais de misericórdia, encorajamento e pastoreio na vida de Becky, e ela descobriu um ministério significativo de aconselhamento.

Depois foi Seth, que percebeu que seu sonho antigo de trabalhar num ministério em tempo integral era, de fato, reflexo dos dons espirituais de ensino, liderança e pastoreio. Ou talvez você se identifique com Debbie, que assumiu o papel de diretora do ministério de mulheres em sua igreja quando percebeu que seus dons de liderança, pastoreio e encorajamento eram muito valiosos para os outros.

Descobrindo *seus* dons espirituais

Para ajudá-lo a começar a descobrir os seus dons espirituais, revise as explicações a seguir para cada um dos vinte dons listados na página 43.

Quando estiver lendo cada definição, pense em sua própria experiência no serviço de Cristo. Depois indique "sim" se sentir que tem este dom, "talvez" se houver a possibilidade de tê-lo, ou "não" se você achar que não tem o dom em questão. Quando terminar sua avaliação, transfira-a para o formulário do Apêndice 1, "Forma para o Perfil de Vida", nas páginas 251 a 253.

Administração: Habilidade especial concedida por Deus para servir e fortalecer o corpo de Cristo por meio da organização eficaz de recursos e pessoas, para que os objetivos do ministério sejam alcançados com eficiência. Pessoas com este dom:

- são organizadores eficazes de pessoas e projetos com o objetivo de alcançar alvos ministeriais;
- são conhecidas por terem planos específicos com o objetivo de alcançar alvos bem definidos;
- delegam tarefas naturalmente, tornando possível fazer mais pelo Reino de Deus;
- sabem tomar decisões quando necessário;
- compreendem o que é preciso ser feito para que os sonhos se tornem realidade.

☐ Sim   ☐ Talvez   ☐ Não

2. FORMAÇÃO ESPIRITUAL

Apostolado: Habilidade especial concedida por Deus para servir e fortalecer o corpo de Cristo por meio da iniciativa e liderança de novos empreendimentos ministeriais que promovem os propósitos de Deus e expandem seu Reino. O significado original da palavra grega é "enviado" (literalmente, aquele que é enviado com autoridade ou como embaixador). Pessoas com este dom:

- são direcionadas a começar novos empreendimentos para Deus, quase sempre igrejas;
- geralmente gostam de novos e arriscados desafios;
- têm prazer em fazer diferença na vida de cristãos e não-cristãos;
- querem ser conhecidas como embaixadoras de Cristo no mundo;
- estão dispostas a trabalhar duro para ver igrejas alcançarem seu potencial pleno para Deus.

☐ Sim ☐ Talvez ☐ Não

Conhecimento: Habilidade especial concedida por Deus para servir e fortalecer o corpo de Cristo pela comunicação da verdade de Deus a outros, de modo que promova justiça, honestidade e compreensão. Pessoas com este dom:

- dedicam muito do seu tempo à leitura das Escrituras;
- gostam de compartilhar pensamentos bíblicos;
- têm prazer em ajudar outros a crescer na compreensão da Palavra de Deus;
- beneficiam-se do tempo de estudo e pesquisa das Escrituras;
- têm prazer em responder a perguntas difíceis sobre a Palavra de Deus.

☐ Sim ☐ Talvez ☐ Não

Contribuição: Habilidade especial concedida por Deus para servir e fortalecer o corpo de Cristo focada em apoiar e patrocinar com alegria a obra de Deus, por meio de contribuições financeiras além do dízimo. Pessoas com este dom:

- planejam e intencionalmente dão muito mais do que os 10% do dízimo, com o objetivo de ver o Reino de Deus avançar;
- geralmente preferem que suas doações fiquem anônimas, sem alarde;
- buscam formas estratégicas de aumentar seus recursos com o objetivo de contribuir mais para a ação de Deus;
- vêem seus recursos como ferramentas a serem usadas por Deus;
- reconhecem que Deus, no final das contas, é o proprietário de tudo.

☐ Sim ☐ Talvez ☐ Não

Cura: Habilidade especial concedida por Deus para servir e fortalecer o corpo de Cristo por meio de cura e restauração da saúde de pessoas doentes, feridas e sofridas, usando recursos que estão além dos meios tradicionais e naturais. Pessoas com este dom:

- crêem firmemente que as pessoas podem ser curadas de modo sobrenatural;
- oram especificamente para serem usadas por Deus com o objetivo de curar outras pessoas;
- percebem plenamente que a cura só ocorre com a permissão de Deus;
- vêem a medicina como uma das formas que Deus pode escolher para curar;
- usam seu dom como presente de Deus e como meio específico de dar glória a ele.

☐ Sim ☐ Talvez ☐ Não

2. FORMAÇÃO ESPIRITUAL

Discernimento: Habilidade especial concedida por Deus para servir e fortalecer o corpo de Cristo por meio do reconhecimento da verdade ou do erro numa mensagem, em alguém ou num acontecimento. Pessoas com este dom:

- acham fácil "ler" os outros e com freqüência acertam;
- reconhecem a fonte espiritual de uma mensagem: sabem se ela vem de Deus, de Satanás ou do próprio homem;
- reconhecem incoerências nos outros;
- identificam com facilidade os verdadeiros motivos e intenções das pessoas;
- percebem quando a verdade é distorcida ou comunicada de maneira errada.

☐ Sim   ☐ Talvez   ☐ Não

Encorajamento: Habilidade especial concedida por Deus para servir e fortalecer o corpo de Cristo focada em ajudar outras pessoas a ter uma vida centrada em Deus, por meio de inspiração, encorajamento, aconselhamento e capacitação. Pessoas com este dom:

- são motivadas a inspirar outras pessoas e impactar vidas positivamente para Cristo;
- alegram-se com aqueles cuja confiança em Cristo os ajudou a superar situações difíceis na vida;
- procuram oportunidades para ajudar outros a alcançar seu potencial pleno em Cristo;
- são encorajadores naturais, com palavras ou ações;
- alegram-se com o sucesso de outros.

☐ Sim   ☐ Talvez   ☐ Não

Ensino: Habilidade especial concedida por Deus para servir e fortalecer o corpo de Cristo por meio do ensino relevante da sã doutrina, capacitando outros a obter educação espiritual sadia e madura. Pessoas com este dom:

- estudam as Escrituras por horas para melhor aplicar seus princípios e verdades;
- gostam de tornar a Bíblia clara e compreensível para outras pessoas;
- procuram oportunidades para falar de descobertas de verdades bíblicas em situações diárias;
- são bons em ajudar outros a aprender a estudar a Bíblia;
- sabem comunicar a Palavra de Deus de maneiras variadas e com eficiência, até mesmo falando.

☐ Sim   ☐ Talvez   ☐ Não

Evangelização: Habilidade especial concedida por Deus para servir e fortalecer o corpo de Cristo focada em compartilhar o amor de Cristo com outras pessoas, de um jeito que as leva a aceitar o presente gratuito de Deus da vida eterna. Pessoas com este dom:

- procuram formas de construir pontes de relacionamentos com não-cristãos;
- sentem quando uma pessoa está aberta à mensagem de Cristo;
- já testemunharam muitas conversões;
- ganham outros para Cristo usando mais o amor do que a lógica;
- sentem-se profundamente responsáveis por aqueles que não conhecem Jesus.

☐ Sim   ☐ Talvez   ☐ Não

Fé: Habilidade especial concedida por Deus para servir e fortalecer o corpo de Cristo com passos de fé que têm como objetivo ver os propósitos de Deus realizados, confiando que ele cuidará de todos e quaisquer obstáculos ao longo do caminho. Pessoas com este dom:

2. FORMAÇÃO ESPIRITUAL

- aceitam bem correr riscos por Deus;
- sentem-se fortalecidas pelos desafios;
- são desafiadas por idéias que muitos vêem como impossíveis;
- têm uma vida de oração bastante fervorosa;
- confiam muito em Deus em seus novos projetos.

☐ Sim   ☐ Talvez   ☐ Não

Hospitalidade: Habilidade especial concedida por Deus para servir e fortalecer o corpo de Cristo focada em oferecer ao próximo um ambiente aconchegante e receptivo para a comunhão. Pessoas com este dom:

- são conhecidas por fazer as pessoas ao redor sentirem-se valorizadas e cuidadas;
- procuram pessoas que muitas vezes passam despercebidas na multidão;
- desejam que as pessoas sintam-se amadas e bem-vindas;
- vêem sua casa como propriedade de Deus, dada a elas com o objetivo expresso de fazer que outros se sintam bem-vindos;
- promovem a comunhão entre as pessoas onde quer que estejam.

☐ Sim   ☐ Talvez   ☐ Não

Interpretação: Habilidade especial concedida por Deus para servir e fortalecer o corpo de Cristo focada em entender, num momento específico, a mensagem de Deus quando proferida por outra pessoa numa língua especial, desconhecida dos demais. Pessoas com este dom:

- têm uma clara idéia do que Deus está dizendo, mesmo que a língua usada pelo orador lhes seja desconhecida num dado momento;
- são capazes de traduzir palavras e mensagens de Deus de modo que edificam, confortam e exortam os cristãos;

- comunicam o significado de sons, palavras e expressões produzidas por outras pessoas que glorificam a Deus.

☐ Sim   ☐ Talvez   ☐ Não

Liderança: Habilidade especial concedida por Deus para servir e fortalecer o corpo de Cristo por meio do estabelecimento de uma visão, do estímulo ao crescimento espiritual, da aplicação de estratégias e da busca por sucesso nos propósitos de Deus. Pessoas com este dom:

- têm grandes visões para Deus e a capacidade de inspirar outros a trabalharem para concretizar essas visões para a glória do Senhor e bênção de outros;
- ocupam naturalmente posição de liderança;
- acham fácil motivar pessoas, individualmente ou em equipes, de modo que trabalhem juntas para alcançar objetivos para o Reino de Deus;
- enxergam com facilidade a amplitude de uma situação;
- assumem a responsabilidade e conseguem delegá-la a outras pessoas qualificadas.

☐ Sim   ☐ Talvez   ☐ Não

Línguas: Habilidade especial concedida por Deus para servir e fortalecer o corpo de Cristo focada em comunicar a mensagem de Deus em uma língua desconhecida àquele que fala. Pessoas com este dom:

- crêem que Deus as encoraja a comunicar a mensagem dele, freqüentemente pela oração, numa linguagem específica, desconhecida para elas;
- intercedem por outros em oração usando palavras desconhecidas, sons e gemidos;
- desejam oportunidades de orar, usando línguas estranhas ou estrangeiras para a glória de Deus;

2. FORMAÇÃO ESPIRITUAL

- compartilham com outros palavras e/ou mensagens de Deus dadas a elas por meio de línguas desconhecidas;
- inspiradas por Deus, confortam ou exortam outras pessoas usando línguas desconhecidas.

☐ Sim   ☐ Talvez   ☐ Não

Milagres: Habilidade especial concedida por Deus para servir e fortalecer o corpo de Cristo por meio de atos sobrenaturais que evidenciam Deus e seu poder. Pessoas com este dom:

- reconhecem a oração como o veículo sobrenatural por meio do qual Deus age na vida das pessoas;
- dão crédito e graças somente a Deus pelas obras sobrenaturais;
- compreendem completamente o fato de que os milagres só ocorrem quando Deus quer que eles aconteçam;
- vêem-se como instrumentos nas mãos de Deus;
- oram e buscam soluções sobrenaturais sempre que se encontram em situações impossíveis.

☐ Sim   ☐ Talvez   ☐ Não

Misericórdia: Habilidade especial concedida por Deus para servir e fortalecer o corpo de Cristo focada em ministrar aos que sofrem do ponto de vista físico, emocional, espiritual ou relacional. Suas ações são caracterizadas por amor, cuidado, compaixão e bondade com outros. Pessoas com este dom:

- buscam oportunidades para atender na prática às necessidades dos outros;
- dedicam tempo significativo em oração pelas necessidades dos outros;
- tendem a colocar as necessidades dos outros à frente das suas;
- choram com os que choram;

- sentem-se muito realizadas quando visitam pessoas necessitadas em hospitais, casas de repouso, prisões, orfanatos, vilarejos ou aonde quer que Deus as conduza.

☐ Sim   ☐ Talvez   ☐ Não

Pastoreio: Habilidade especial concedida por Deus para servir e fortalecer o corpo de Cristo focada em assumir a responsabilidade espiritual por um grupo de cristãos, preparando-os para viver uma vida centrada em Cristo. Pessoas com este dom:

- são motivadas a ajudar outros a alcançar seu potencial pleno em Cristo;
- têm prazer em servir outros e procuram oportunidades para isso;
- são bons em desenvolver relacionamentos pessoais de confiança com um pequeno grupo de pessoas;
- são propensos a atender a necessidade de outros, dispõem do seu tempo para ajudá-los em assuntos espirituais;
- crêem que as pessoas são mais importantes que os projetos.

☐ Sim   ☐ Talvez   ☐ Não

Profecia: Habilidade especial concedida por Deus para servir e fortalecer o corpo de Cristo focada em proferir mensagens de Deus que confortem, encorajem, guiem, admoestem ou revelem pecado, levando pessoas ao arrependimento e ao crescimento espiritual. O significado original grego dessa palavra é "falar a verdade". O dom de profecia inclui tanto "dizer" (pregação) como "predizer" (revelação). Pessoas com este dom:

- são conhecidas por comunicar publicamente a Palavra de Deus de diversas formas;
- gostam de compartilhar suas fortes convicções bíblicas com outras pessoas;

2. FORMAÇÃO ESPIRITUAL

- vêem-se como instrumento de Deus, prontas para serem usadas pelo Espírito Santo para mudar vidas;
- têm facilidade em confrontar os motivos de outras pessoas quando estas não estão de acordo com os padrões de Deus;
- recebem e compartilham com freqüência mensagens diretamente de Deus para confortar, desafiar e confrontar seu povo.

☐ Sim   ☐ Talvez   ☐ Não

Sabedoria: Habilidade especial concedida por Deus para servir e fortalecer o corpo de Cristo por meio de decisões sábias e aconselhamento sadio, de acordo com a vontade de Deus. É possível que você tenha este dom se:

- gosta de falar de descobertas bíblicas nas situações cotidianas;
- é procurado por outros em busca de conselho/sabedoria;
- tem prazer em aconselhar outros;
- é conhecido por tomar decisões e fazer julgamentos corretos;
- reconhece Deus como a fonte principal de sabedoria e direção.

☐ Sim   ☐ Talvez   ☐ Não

Socorro: Habilidade especial concedida por Deus para servir e fortalecer o corpo de Cristo focada em ajudar outras pessoas a alcançar objetivos que glorifiquem a Deus e fortaleçam o corpo de Cristo. Essa aptidão é, às vezes, chamada também de "serviço". Pessoas com este dom:

- gostam de servir nos bastidores;
- alegram-se com o sucesso de outros;
- estão sempre atentas aos detalhes;
- procuram formas de ajudar outros;
- não buscam reconhecimento por seus esforços.

☐ Sim   ☐ Talvez   ☐ Não

Agora liste os dons que você acredita ter ("sim" e "talvez" que você assinalou) no formulário do Apêndice 1, "Forma para o Perfil de Vida", nas páginas 251 a 253.

Compartilhando seus dons espirituais

Agora que você identificou alguns possíveis dons espirituais que Deus lhe deu, comece a expressá-los servindo outros ao redor. Quando servimos em áreas que estão em sintonia com nossos dons, experimentamos uma grande realização e é quando mais damos frutos para Deus. Por outro lado, quando servimos em desarmonia com nossos dons, normalmente acabamos frustrados e exaustos. Servir é a melhor maneira de confirmar seus dons, porque isso lhe dá a oportunidade de testá-los, experimentá-los.

É por isso que devemos aspirar a servir baseados naquilo que Deus quer que façamos, em vez de sermos direcionados pela ambição de conseguir o que achamos serem grandes objetivos. Helen Keller disse certa vez: "Eu gostaria de realizar uma grande e nobre tarefa, mas o meu dever principal é realizar tarefas humildes como se elas fossem grandes e nobres. O mundo move-se, não apenas pelos poderosos empurrões de seus heróis, mas também pela soma dos pequenos esforços de cada trabalhador honesto".[5]

O apóstolo Paulo diz que os dons devem ser manifestados em amor. Sempre que ele fala sobre dons espirituais, em seguida vem uma mensagem sobre o amor. Por exemplo, os capítulos 12 e 14 de 1Coríntios falam sobre dons espirituais, mas entre esses dois capítulos, Paulo escreve a mensagem considerada definitiva sobre o amor:

> Ainda que eu fale as línguas dos homens e dos anjos, se não tiver amor, serei como o sino que ressoa ou como o prato que retine. Ainda que eu tenha o dom de profecia e saiba todos os mistérios e todo o conhecimento, e tenha uma fé capaz de mover montanhas, se não tiver amor, nada serei. Ainda que eu dê aos pobres tudo o que pos-

2. FORMAÇÃO ESPIRITUAL

suo e entregue o meu corpo para ser queimado, se não tiver amor, nada disso me valerá (1Co 13.1-3).

Você percebe a importância do amor quando se trata de usar nossos dons para Deus? Paulo diz que podemos ter dons maravilhosos e valiosos, mas, sem amor, somos inúteis. Para verificar o que verdadeiramente está motivando seus dons espirituais, pergunte a si mesmo: "Quem é o principal beneficiário de minhas ações?" Se suas ações beneficiam outros, você está servindo com amor. Se perceber que *você* é o principal beneficiário de suas ações, precisa imediatamente se acertar com Deus. Uma vida dirigida pelo amor é a vida que Deus usa.

No livro *Why You Can't Be Anything You Want to Be* [Por que você não pode ser o que quer], Arthur F. Miller Jr. fala sobre o perigo de fazer mau uso do que Deus nos deu. "O lado sombrio dos dons é aumentar sua recompensa além da conta, a ponto de tomarem o lugar de Deus."[6]

Miller continua dizendo: "Sem controle, os dons são suficientemente poderosos para subverter sistemas inteiros com os propósitos mais obscuros do coração humano. Esta é a verdadeira fonte do mal sistêmico". Não caia nessa cilada. Em vez disso, permita que o amor fortaleça os seus dons para a bênção de outros e para a edificação do corpo de Cristo.

De fato, à medida que você começa a abençoar outras pessoas por meio dos seus dons espirituais, precisa estar atento a quatro ciladas comuns que Satanás sempre usa para fazer os cristãos tropeçarem e se tornarem ineficazes.

Cilada nº 1: Comparação

A primeira armadilha é a da *comparação*. Isso acontece quando damos valor maior aos dons mais visíveis, aqueles que parecem brilhar mais sob os holofotes, como o dom de liderança, ou ensino, ou línguas. Se temos esses dons e nos comparamos com outras pessoas, o resultado pode ser um espírito arrogante. Ou o contrário, se nos comparamos com pessoas que têm dons mais visíveis, podemos achar que não temos importância. Ambos são sinais de que o nosso coração precisa de sérios ajustes em relação ao amor. Só porque um dom é mais visível não garante que ele seja mais valioso.

O evangelismo é uma área em que os dons são sempre um convite à comparação. As pessoas com esse dom têm a habilidade de levar muitas pessoas à fé em Cristo. Os cristãos que não têm esse dom podem sentir-se inadequados se ficarem se comparando. Eu mesmo sou um desses casos. Meu melhor amigo tem claramente o dom de evangelismo e está sempre contando histórias de como ele usou seu dom para trazer outros à família de Deus. Como os meus "números" eram sempre menores do que os do meu amigo, eu acreditava estar decepcionando Deus.

Por fim, percebi que não tinha o dom de evangelismo. Aprendi que precisava continuar usando o meu dom de *encorajamento* como forma de alcançar e ajudar pessoas a encontrarem Deus. Se eu tivesse ignorado meu próprio dom espiritual por considerá-lo sem importância quando comparado ao de meu amigo, eu não estaria disponível para Deus e teria perdido oportunidades de ser usado por ele.

Não existem obras-primas de segunda categoria na galeria de arte de Deus. Algumas posições podem ser menos glamorosas do que outras, e as pessoas que se autopromovem podem torcer o nariz com desdém a certos tipos de serviço, mas a Palavra de Deus diz que *todas* as partes do corpo de Cristo dependem umas das outras: "O olho não pode dizer à mão: 'Não preciso de você! Ao contrário, os membros do corpo que parecem mais fracos são indispensáveis" (1Co 12.21,22). Ninguém deve se iludir ao pensar que os outros membros do corpo de Cristo existem para nos servir, ou que os outros são importantes e nós não.

Cilada nº 2: Projeção

A segunda cilada é a da *projeção*. Quando esperamos que outras pessoas sejam boas nas mesmas coisas em que nos destacamos, estamos "projetando" nelas os nossos dons. A projeção é especialmente comum em relacionamentos no trabalho, ou mesmo em casa. Por exemplo, eu tenho o dom da administração. Se eu projeto esse dom em outras pes-

2. FORMAÇÃO ESPIRITUAL

soas e automaticamente espero que elas sejam organizadas e sempre pontuais, sentimentos de frustração e ressentimento podem surgir trazendo tensão aos relacionamentos.

É exatamente isso que Satanás quer. Por outro lado, eu posso escolher celebrar os dons singulares que Deus dá a outras pessoas e encorajar cada uma delas a ser aquilo que Deus planejou que fossem; é exatamente isso que Deus quer.

Cilada nº 3: Rejeição

Outra cilada comum que encontramos é a recusa em aceitar os dons que Deus nos deu. É a cilada da *rejeição*. Vejo isso com mais freqüência ao trabalhar com pessoas que têm claramente o dom de pastorear, mas não o admitem, quase sempre por não terem o título ou posição oficial "certa".

Jeff, meu fisioterapeuta, disse-me certa vez:

— Eu não sou pastor como você, por isso não posso ter o dom de pastorear.

Pelo fato de sentir-se inadequado, ele aceitava sua falta de posição como evidência de um fato, mas aquele "fato", não era fato coisa nenhuma. A rejeição é um dos jogos mentais favoritos de Satanás, porque nos impede de sermos o que Deus planejou que fôssemos. Jeff precisava assumir a *verdade* do dom que recebeu de Deus. Alguns meses depois de nossa conversa, eu o encontrei após o culto e seu rosto brilhava de alegria. Ele havia dado um passo de fé e, com a esposa, começou a liderar um pequeno grupo em sua casa. Ele adorou a oportunidade de encorajar, aconselhar, ajudar e orar com as dez pessoas do grupo. Ele havia finalmente aceitado o fato de que o seu dom era o de pastorear e que ele não precisava do *título* de pastor para expressá-lo.

Deixar que a opinião de outra pessoa o impeça de assumir e compartilhar seus dons só irá criar desapontamento e tristeza em seu coração. Permita-se exercer o dom que Deus lhe deu, independentemente do que outros tenham dito.

Cilada nº 4: Engano

A última cilada usada por Satanás é a do *engano*. Ele manipula para que você acredite ter dons que Deus não lhe deu, impedindo-o de praticar seus verdadeiros dons e de realizar o que Deus planejou para sua vida. Esse engano é facilmente observável quando se refere ao dom de liderança. John Maxwell disse: "Se você pensa que é um líder, mas ninguém está seguindo você, então você está apenas fazendo uma caminhada". Pessoas assim sempre esperam resultados abençoados por Deus, contudo Deus nunca teve a intenção de que eles fossem líderes, pelo menos não como imaginam.

Tenha cautela quanto ao engano de Satanás ao começar a compartilhar os dons que Deus lhe deu. Mantenha o foco em Deus para que ele possa revelar os dons espirituais que tem para você e mostre-lhe como ele quer que os dons sejam usados para glória dele. Uma excelente maneira de garantir que você não caia numa dessas ciladas é pedir ajuda e prestar contas a pessoas de confiança.

Fortalecendo seus dons espirituais

Em *Uma vida com propósitos*, Rick Warren fala sobre a importância de desenvolver os dons que Deus nos deu:

> Quaisquer que sejam os dons que lhe tenham sido concedidos, eles podem ser ampliados e desenvolvidos pela prática. Por exemplo: ninguém tem o dom de ensino completamente desenvolvido. Mas, com estudo, avaliações e prática, um "bom" professor pode tornar-se um professor *melhor* e, com o tempo, um *mestre* na Palavra. Não se acomode com dons desenvolvidos pela metade. Esforce-se e aprenda o máximo possível.[7]

Todos podemos praticar e aprimorar a capacidade de usar nossos dons. Se você tem o dom do ensino, que a sua meta seja aprender novas técnicas de ensino. Se liderança fizer parte do seu conjunto de dons, aprenda a ser o melhor líder-servo da região. Se você é forte em hospitalidade, compaixão ou aconselhamento pastoral, procure novas

2. FORMAÇÃO ESPIRITUAL

formas de incluir, cuidar e ajudar outras pessoas. Se a sua vida é direcionada para a administração, aperfeiçoe esse dom buscando mais treinamento.

Não espere para começar a usar seus dons espirituais até compreender todos os detalhes sobre como eles se manifestarão em sua vida. Em *Seizing Your Divine Moment* [Agarre seu momento divino], Erwin McManus diz:

> Não espere que Deus preencha todos os espaços em branco. Não espere que ele remova todas as incertezas. Entenda que ele pode aumentar a incerteza e influenciar todas as disputas contra você, apenas para que você saiba, no final das contas, que não foram seus dons, mas o poder dele por meio dos seus dons que realizaram o propósito dele em sua vida.[8]

O apóstolo Paulo usa uma ótima metáfora para mostrar a importância de fortalecer o que Deus nos deu, ao dizer ao jovem Timóteo que "mantenha viva a chama" de seu dom (2Tm 1.6). Imagine brasas que ficam mais vivas quando são abanadas. É exatamente isso que acontece quando você desenvolve os dons que Deus lhe deu, eles ficam mais fortes e com mais propósitos para Deus e acabam por impulsionar o seu Propósito no Reino mais do que tudo.

Você recebeu dons para a grandeza no serviço, não para alcançar *status*. Identificar seus dons espirituais é o primeiro passo crucial para encontrar o papel singular que Deus quer que você desempenhe. Agora que você começou a reconhecer os dons que recebeu, precisa ouvir de Deus como ele quer que esses dons sejam postos em ação. No próximo capítulo, chegaremos mais perto da voz de Deus, ouvindo com o coração.

Se este é o seu caso, este livro ajudará você a descobrir as virtudes que Deus lhe deu e o propósito específico para o qual ele o criou.

APLICANDO O QUE APRENDEU

Reflita no que você aprendeu. O que este capítulo lhe mostrou sobre dons espirituais?

_____
_____
_____
_____
_____
_____

Compreenda o que você recebeu. Que dons espirituais você acredita que Deus lhe deu?

_____
_____
_____
_____
_____
_____

2. FORMAÇÃO ESPIRITUAL

Peça ajuda de outros. Que outras duas fontes de sabedoria podem ser úteis para ajudá-lo a descobrir seus dons espirituais?

_____

_____

_____

_____

_____

_____

Responda pela fé. Identifique dois passos que você pode dar no próximo mês para descobrir seus dons e começar a usá-los com outros. (Sugestão: comece servindo as pessoas mais próximas a você!)

1. _____

_____

_____

2. _____

_____

_____

Capítulo 3

OPÇÕES DO CORAÇÃO

Descobrindo sua verdadeira paixão

O problema central não é estarmos apaixonados demais por coisas ruins,
mas não estarmos apaixonados o suficiente pelas coisas boas.
Larry Crabb, *Finding God*

A paixão é o combustível da vida. É a maior fonte de energia e ação.
É o que nos faz explorar novos panoramas, desenvolver novos relacionamentos,
e buscar soluções para problemas complicados.
Bob Buford, *Halftime*

3. OPÇÕES DO CORAÇÃO

Permita que seu coração bata por Deus!

Kay Warren estava vivendo um sonho. Três filhos incríveis, dois netos maravilhosos e uma casa confortável em Orange County, região de alto padrão no sul da Califórnia. Filha de pastor, ela e o marido, Rick, fundaram juntos uma das maiores igrejas dos Estados Unidos. Ele tinha escrito um *best-seller* com mais de um milhão de exemplares vendidos. Era professora de estudos bíblicos, conferencista popular e co-autora de um curso que ensina as verdades essenciais da fé cristã. Era, de acordo com suas próprias palavras, o estereótipo da "mulher branca casada, de classe média alta, que leva os filhos a jogos de futebol".[a]

Tudo isso desabou em 2002.

Em casa, ao folhear uma revista, ela ficou gélida de horror com fotos de africanos devastados pela AIDS, adultos e crianças com corpos esqueléticos, cujos olhos estavam cobertos de moscas por estarem fracas demais para espantá-las. A chamada na página era: "12 milhões de crianças órfãs na África por causa da AIDS". Disse Kay:

— Aquela estatística era chocante para mim porque eu não conhecia um único órfão, e não podia acreditar que houvesse doze milhões de órfãos em algum lugar do mundo, pelo motivo que fosse.

Um mês depois as imagens ainda a assombravam e Kay se deu conta de que estava numa encruzilhada. Ela podia voltar à sua vida confortável ou dar ouvidos aos gritos de sofrimento e permitir que seu coração se envolvesse.

"Tomei uma decisão consciente de abrir meu coração para o sofrimento, e, quando o fiz, Deus quebrantou meu coração. Ele o despedaçou em um milhão de pedaços, e chorei durante dias."

Ela chorou de vergonha porque a pandemia de AIDS vinha se alastrando por duas décadas e ela não havia feito nada. Chorou também porque Deus permitiu que ela sentisse o sofrimento que sentiam os aidéticos.

---

[a] Em inglês, "soccer mom" [N. do E.].

"Eu não tinha planos. Eu não pensava na resposta de mais ninguém a não ser na minha própria. Eu sabia que não poderia estar diante de Deus quando ele me chamasse e, fitando-o nos olhos, dizer a ele: 'Sim, eu sabia do sofrimento de milhões de pessoas, mas não fiz nada a respeito'."

Ela sabia que seria difícil obedecer a Deus. Outras pessoas, por ignorância ou medo, rejeitariam essa sua paixão. Ela estava com medo de contrair a doença ou de ser vista como fraca em assuntos morais. Entretanto, ela disse ao Senhor:

— Se o Senhor me pede a vida, se isso é o que pede para despertar a consciência das pessoas, então eu a darei. Isso é o que se exige: disposição para se doar a qualquer custo.

Kay começou a ler sobre AIDS e a conversar com especialistas. Assistiu a conferências sobre HIV e AIDS, e ficou fascinada pelo testemunho de Bruce e Darlene Marie Wilkinson, que haviam mudado para a África do Sul para servir os pobres. Então Kay viajou para a África para testemunhar a devastação. Conheceu Flora, uma mulher que estava morrendo na mesma casa onde o marido infiel, a amante dele e o bebê da amante também estavam todos morrendo, por causa da AIDS. Ela segurou a filhinha de três anos de Flora e chorava:

— Ó Deus, onde está a mamãe para cantar para ela à noite? Onde está o papai para brincar com ela, jogando-a para cima?

Deus quebrantou o coração de Kay e agora ele pulsa com paixão por quarenta milhões de pessoas ao redor do mundo, afligidas pela AIDS. Ela e Rick criaram a *Acts of Mercy* [Atos de misericórdia], uma fundação que "cuida como Jesus, das pessoas que sofrem". Ela viaja pelo mundo, aproveitando cada oportunidade, desafiando os cristãos a levarem alívio no nome de Jesus aos que sofrem dor, tristeza, pobreza e doença.

"Hoje sou uma mulher seriamente incomodada pela pandemia da AIDS que varre nosso mundo. Deus mudou meu coração e revolucionou meus sonhos."

A Bíblia diz: "Tudo o que fizerem, façam de todo o coração, como para o Senhor, e não para os homens, sabendo que receberão do Senhor a recompensa da herança. É a Cristo, o Senhor, que vocês estão

3. OPÇÕES DO CORAÇÃO

servindo" (Cl 3.23,24). Deus quer que seu coração pulse somente por ele. A contribuição máxima que Deus planejou para você está sintonizada com as paixões que ele lhe deu pelo Reino dele. Identificar suas paixões revela outro aspecto da obra-prima que Deus está criando em sua vida.

Meu amigo Tom Paterson diz em seu livro *Living the Life You Were Meant to Live* [Vivendo a vida planejada para você]:

> O coração é onde você está centrado, onde você deseja servir, o altar sobre o qual você deseja colocar seus talentos. Seus dons são o que você é. O coração é onde você provavelmente mais se dedicará ao que é. O coração tem a ver com empatia, atração ou "fascínio" por um grupo de pessoas, um campo de especialização ou um tipo particular de serviço. Avaliar seu coração ajuda-o a determinar onde você pode usar seus dons com mais eficácia, onde você deseja servir e a quem você deseja servir.[2]

O coração reflete nossos sonhos e desejos. A chave é aprender como liberar o potencial dentro de nosso coração para que ele possa pulsar plenamente para Deus.

Deixando o coração bater por Deus

Rick Warren fala com muita propriedade sobre o assunto em *Uma vida com propósitos*:

> Fisicamente, cada um de nós tem um batimento cardíaco único. Assim como temos impressões digitais e padrões de íris e de voz singulares, cada coração bate de maneira diferente. Impressiona saber que, apesar dos bilhões de pessoas que já viveram, ninguém jamais teve um batimento cardíaco exatamente igual ao seu.
>
> Do mesmo modo, Deus concedeu a cada um de nós um "compasso" *emocional* único, que dispara quando pensamos em assuntos, atividades ou circunstâncias que nos interessam. Instintivamente,

importamo-nos com algumas coisas e desconsideramos outras. São pistas sobre onde deveríamos estar servindo.[3]

Kay Warren poderia ser o protótipo de todos os que querem aprender a respeito de um coração que bate por Deus. Eu vejo, em sua história, cinco princípios de paixão que nos podem inspirar a sonhar grande e a pensar além dos temores no processo de descobrir nossa própria, singular e emocional batida de coração para Deus.

São elas:

1. Saber o que impulsiona você.

   Para Kay Warren, é Deus e o desejo dela de usar tudo o que ele lhe deu para render glória a ele todos os dias de sua vida.

2. Saber com quem você se importa.

   Para Kay, isso claramente inclui os atingidos pela AIDS.

3. Conhecer as necessidades a que atenderá.

   Para Kay, isso inclui necessidades espirituais, emocionais e físicas.

4. Conhecer a causa que você ajudará.

   A causa de Kay Warren é reduzir consideravelmente a propagação do vírus da AIDS no mundo, por meio do cuidado, da educação e da medicina.

5. Conhecer seu sonho mais elevado pelo Reino de Deus.

   Para Kay, o sonho é ajudar a erradicar a AIDS enquanto viver.

Vamos analisar agora cada um desses princípios com mais detalhes.

O que impulsiona você?

Pelo fato de Deus estar dirigindo sua vida, Kay Warren espera reduzir a propagação da AIDS no mundo. Deus também é o condutor maior

3. OPÇÕES DO CORAÇÃO

da sua vida, e você pode experimentar a emoção de vê-lo realizar o melhor dele por seu intermédio!

A chave é descobrir os anseios que o Criador colocou em você. Eles estão lá no fundo do seu espírito, sem que você nunca tenha gasto tempo ou energia para identificá-los. Escute os sussurros das orações e dos desejos secretos, os profundos anseios de sua vida. Infelizmente, para muitas pessoas essas paixões nunca se manifestaram, pelo menos em termos de servir no papel singular que Deus tem para elas.

Pergunte a você mesmo:

- Em que direção meus sonhos e desejos estão me levando?
- O que eu realmente quero fazer para Deus?
- O que me motiva a entrar em ação?
- O que eu desejo?

A paixão que dirige minha vida é ajudar pessoas a descobrir o motivo pelo qual Deus as criou. Vivo por causa disso. Essa direção mantém-me focado em cumprir o meu Propósito no Reino para Deus.

Ou pense no que aconteceu com a Kimberly. Pelo fato de ela ter sido sempre uma boa ouvinte, seus amigos e família achavam que ela seria uma grande conselheira, por isso ela pensava seriamente em se tornar uma terapeuta. Mas, depois de sua conversão, ela procurou saber o que Deus queria que ela fizesse. Foi quando uma senhora de sua igreja a encorajou a servir a Deus por meio do aconselhamento. Kimberly usa agora sua paixão para alcançar e cuidar das pessoas que Deus coloca em seu caminho. Sua habilidade em se relacionar com universitários permite que ela naturalmente ministre a eles.

Antes de descobrir sua área de serviço a Deus, Kimberly admite que estava envolvida consigo mesma e com os detalhes da própria vida, como a maioria de nós. É natural que no início perguntemos: "Como este propósito irá me beneficiar?", importando-nos pouco ou nada em como ele se relaciona com os outros. Kimberly vê as coisas de forma diferente agora, graças à sua disposição de ver a vida com a perspectiva de Cristo. Hoje, ela avalia as situações não mais com a pergunta: "Como isto irá *me* ajudar?", mas perguntando: "O que eu posso fazer para ajudá-lo mais efetivamente?"

Os propósitos de Deus em nossa vida mostram-se à medida que nos abrimos às suas possibilidades. Começamos a ver a forma de sua obra-prima em nossa vida quando nos identificamos e focamos as paixões que ele colocou em nosso coração. É claro que, por não enxergarmos ainda o quadro todo, precisamos usar o que Deus já nos revelou. Como mentora de jovens adultas, Kimberly tem ampla oportunidade de usar sua FORMA, e especificamente seu coração, enquanto se esforça para esclarecer seu máximo Propósito no Reino.

Com quem você se importa?

Quando o grande pregador do século XIX, Dwight L. Moody[4] esteve em Londres durante um de seus famosos *tours* evangelísticos, vários clérigos britânicos visitaram-no querendo saber o seu segredo. Como, e mais especificamente, *por que,* aquele americano de pouca instrução era tão eficiente em ganhar multidões para Cristo?

Moody levou os homens até a janela de seu quarto no hotel e perguntou-lhes o que eles viam. Um por um, os homens descreveram as pessoas no parque abaixo. Então Moody olhou pela janela e lágrimas começaram a escorrer por sua face.

— O que o senhor vê, sr. Moody? — perguntou um dos homens.

— Eu vejo milhares sem fim de almas que um dia passarão a eternidade no inferno se não encontrarem o Salvador.

Por ver almas eternas onde outros viam somente pessoas passeando num parque, Moody considerava a vida com uma agenda diferente. O público-alvo de Moody claramente eram os perdidos, sem salvação.

Deus pôs pessoas em sua vida que ele quer que você alcance para ele. Por isso a questão que você precisa encarar é: "Quem Deus quer que eu ajude, e como ele pode usar meus dons pessoais para alcançar essas pessoas?" Você pode sentir-se inclinado para as pessoas que se afastaram da igreja, para aquelas com problemas conjugais ou para

3. OPÇÕES DO CORAÇÃO

aquelas que simplesmente precisam de Jesus. Você pode ser chamado para ajudar adolescentes a fazer boas escolhas na vida. Talvez você seja direcionado a causar impacto num grupo demográfico específico ou numa determinada faixa etária, como pessoas do meio empresarial, casais, crianças ou idosos.

Pergunte a si mesmo:

- Quem eu sinto que posso influenciar mais profundamente para Deus?
- A que faixa etária eu sinto que devo ministrar?
- Que grupo de afinidade eu sinto que devo servir?
- Como posso impactá-lo para usar meus dons da melhor maneira?

Que necessidades você atenderá?

Uma vez definido seu público-alvo, você precisa determinar quais necessidades você pretende atender na vida desses indivíduos. Não importa quanta aptidão ou motivação você tenha, você não poderá atender a todas as necessidades de seu público-alvo. Eu o encorajaria a começar focando as necessidades às quais Deus e outras pessoas atenderam em sua própria vida.

A Bíblia diz: "Ele nos auxilia em todas as nossas aflições para podermos ajudar os que têm as mesmas aflições que nós temos. E nós damos aos outros a mesma ajuda que recebemos de Deus" (2Co 1.4, NTLH).

Talvez haja uma experiência dolorosa em seu passado, algo que Deus lhe ajudou a superar. Ele pode usar nosso sofrimento, nossas fraquezas e falhas, bem como nossas virtudes e paixões como parte da obra-prima que ele está criando. O seu sofrimento pode levá-lo a se relacionar com outros que estão sofrendo com experiências semelhantes. Por exemplo, eu fui ajudado a descobrir meu próprio valor e potencial em Cristo, por isso agora eu adoro ajudar outros a perceber seu potencial. O entusiasmo a respeito de minha própria descoberta faz-me querer ver outros experimentarem a mesma transformação.

Também amo encorajar e ajudar pessoas que sofreram abuso físico ou emocional quando crianças, porque eu cresci enfrentando abuso semelhante. Quem melhor para ajudar pessoas a superar dificuldades e a crescer com Cristo do que alguém que passou pelo mesmo problema e, graças a Deus, o deixou para trás? Falaremos mais sobre isso no capítulo 6.

Por existirem tantas necessidades a atender, você precisa definir seu foco. Considere algumas categorias principais:

Necessidades espirituais — Concentram-se basicamente na condição espiritual da vida da pessoa. Aqueles que se sentem dirigidos a atender a esse tipo de necessidades desejam ajudar pessoas a descobrir Cristo de modo que alcancem nele seu potencial pleno. As pessoas inclinadas a atender a essa necessidade tendem a usar os dons de ensino, sabedoria, evangelização, conhecimento e profecia.

Necessidades físicas — Pessoas com necessidades físicas apreciam demonstrações práticas de amor. Aqueles que se concentram em atender a essas necessidades usam seus recursos para que os necessitados tenham alimento, roupa, abrigo e outros itens básicos. Os dons espirituais de contribuição, socorro, cura, administração, hospitalidade, pastoreio e misericórdia são os mais usados para atender a necessidades físicas.

Necessidades relacionais — O foco aqui está em ajudar pessoas a desenvolver relacionamentos verdadeiros e centrados em Cristo. Os que se interessam em atender a essas necessidades encontram realização em aproximar pessoas, ajudando-as a encontrar e a construir relacionamentos satisfatórios. Os que são levados a atender a tais necessidades geralmente usam os dons de encorajamento, sabedoria, hospitalidade, misericórdia, discernimento e pastoreio.

Necessidades emocionais — Indivíduos emocionalmente feridos precisam de confiança para saberem quem são em Cristo. As pessoas que se sentem gratificadas em atender a necessidades emocionais tendem a se interessar em aconselhar, encorajar e ouvir, ajudando os que sofrem a atravessar as situações da vida com Cristo. Os dons usados para atender a essas necessidades incluem encorajamento, sabedoria, misericórdia, discernimento e pastoreio.

3. OPÇÕES DO CORAÇÃO

Necessidades educacionais — Pessoas motivadas a ministrar nessa área gostam de tudo que ajude as pessoas a aprender, mostrando-lhes como viver plenamente. Aqueles que têm coração para atender a necessidades educacionais tendem a gostar do ensino, usando vários cenários, ferramentas de ensino e estilos, para encorajar o crescimento. Os dons espirituais aqui expressos são ensino, pastoreio, conhecimento e profecia.

Necessidades vocacionais — Sejam jovens mães sejam grandes executivos, algumas pessoas precisam de ajuda para potencializar sua capacidade pessoal ou profissional. Pessoas que amam atender a essas necessidades normalmente usam suas habilidades de treinar, preparar e aconselhar para ajudarem a superar barreiras e alcançar metas. Os dons usados no atendimento dessa necessidade são sabedoria, liderança, ensino, encorajamento e discernimento.

Pergunte a você mesmo:

- Quais as duas necessidades principais a que eu atendo com paixão?
- Por que eu gosto de atender a essas necessidades?
- Que lições aprendi que poderia transmitir a outras pessoas?

Qual causa você ajudará?

Procurando uma forma de fazer uma contribuição duradoura em vida, Millard Fuller deixou uma trajetória de conquistas no campo dos negócios para regar uma semente que Deus tinha plantado em seu coração: construir casas para famílias com pouca ou nenhuma renda. Em meados da década de 1970, com um grupo de associados, Fuller criou uma nova organização chamada *Habitat for Humanity International* [Habitação para a Humanidade Internacional]. Trinta anos depois a *Habitat* tinha dado moradia básica para milhares e milhares de famílias de baixa renda e tornou-se um dos mais conhecidos trabalhos sociais de sucesso tanto nos Estados Unidos como no mundo, tudo porque um homem comum decidiu usar o que Deus lhe tinha dado para defender uma causa muito maior do que ele mesmo.

Talvez você não sinta uma paixão pessoal em ajudar os sem-teto como Millard Fuller, ou não queira servir, como Kay Warren, pessoas atingidas pela AIDS. Mas se você já vive com Deus há algum tempo, ele irá tocar seu coração e o conduzirá à causa que ele escolheu pessoalmente para você assumir.

Aqui está uma breve lista de causas que outras pessoas se comprometeram a defender para a glória de Deus:

Aborto	HIV/AIDS
Abuso/violência	Meio Ambiente
Alcoolismo	Mordomia financeira
Apatia espiritual	Paternidade centrada em Cristo
Casamento/assuntos familiares	Pobreza/fome
Comportamento compulsivo	Política e/ou políticos
Crianças em risco	Santidade de vida
Deficiências e/ou apoio	Saúde e/ou boa forma física
Divórcio	Sem-teto
Drogas/recuperação	Sexualidade e questões de gênero
Educação	Sistema legal ou judiciário
Ética	Surdez

Pergunte a você mesmo:

- Que causa ou assunto faz meu coração bater mais rápido?
- Onde eu poderia causar impacto máximo por Deus?
- Se tempo não fosse problema, a que causa eu me doaria?

3. OPÇÕES DO CORAÇÃO

Que sonho você irá realizar?

Brandon Ebel é o filho primogênito de um proeminente pastor no Pacífico. Seu relacionamento com Cristo começou cedo, assim como sua paixão pela música. Os pais do pequeno Brandon freqüentemente tinham que lhe ensinar a não mexer nos sistemas de som e *home theater* quando estivesse nas casas vizinhas. Uma coisa era certa: o amor de Brandon pela música seria a base definitiva para o seu Propósito no Reino.

Sua paixão pela música aumentou durante os anos de faculdade, e ele se formou em radiodifusão, o que lhe garantiu um cargo numa pequena gravadora musical no sul da Califórnia. Ele também tinha talento para os negócios, e logo percebeu o potencial de unir seu amor pela música com sua índole natural para os negócios.

Brandon nunca se sentiu especificamente chamado para servir a Deus como pastor em tempo integral, mas *de fato* queria ser usado por Deus de forma única e poderosa. Brandon apresentou ao Senhor seus dons e sua paixão pela música e começou a sonhar com a própria gravadora. Agora, mais de treze anos depois, a Tooth and Nail Records e a BEC Recordings são referência no mundo da música cristã, para a glória de Deus.

Brandon não ficou sentado na calçada esperando por Deus; ele usou o que tinha e entregou-o para que Deus multiplicasse, assim como Jesus fez com os pães e peixes:

> Tomando os cinco pães e os dois peixes e, olhando para os céus, deu graças e partiu os pães. Em seguida, entregou-os aos seus discípulos para que os servissem ao povo. E também dividiu os dois peixes entre todos eles. Todos comeram e ficaram satisfeitos, e os discípulos recolheram doze cestos cheios de pedaços de pão e de peixe. Os que comeram foram cinco mil homens (Mc 6.41-44; para o contexto completo comece no versículo 35).

Esta história sempre me inspira porque me faz lembrar do quanto Deus nos quer abençoar e expandir nossa influência em favor dele.

Deus anseia usar o que nos deu para sua glória. Ele espera que nos aproximemos dele com o coração grato e com uma fé esperançosa. Se você conversasse com o Brandon hoje, ele diria que está vivendo uma grande aventura com Deus e que ela é totalmente *para* Deus.

John Eldredge diz em seu livro *Coração selvagem*:[5]

> O nosso objetivo aqui é recuperar a aventura que Deus escreveu em seu coração quando fez você. Seus desejos mais profundos revelam o seu chamado mais profundo, a aventura que Deus tem para você. Você precisa decidir se trocará ou não uma vida controlada pelo medo por uma vida de risco pela fé.
>
> Por isso, se você tivesse permissão para fazer o que realmente quer, o que faria? Apenas comece a fazer uma lista de todas as coisas que mais deseja fazer com sua vida, grandes e pequenas. E lembre-se — *Não pergunte a você mesmo, Como?* — *Como?* nunca é a pergunta correta. *Como?* é uma pergunta sem fé. *Como?* é da competência de Deus. Ele pergunta a você *o quê?* O que está escrito em seu coração? O que o faz viver? Se você pudesse fazer o que sempre quis, o que seria?

Às vezes, os sonhos ficam enterrados sob empregos que não satisfazem, situações impossíveis de desatar, listas intermináveis de tarefas e falta de dinheiro. Quando a nossa atenção está nas "inquietações" da vida, nossos sonhos ficam sufocados.

Claro, nem todo sonho que lhe toca o coração reflete a vontade de Deus para você. A carta aos Romanos, capítulos 7 e 8, diz que os desejos da nossa carne lutam contra os desejos de Deus. Até o apóstolo Paulo admite sua luta pessoal com isto:

> Eu não entendo o que faço, pois não faço o que gostaria de fazer. Pelo contrário, faço justamente aquilo que odeio. Se faço o que não quero, isso prova que reconheço que a lei diz o que é certo. E isso mostra que, de fato, já não sou eu quem faz isso, mas o pecado que vive em mim é que faz (Rm 7.15-17, NTLH).

3. OPÇÕES DO CORAÇÃO

Às vezes o desejo de conforto pessoal, sucesso e glória toma o lugar da paixão pela glória de Deus. A vitória sobre os nossos desejos egoístas só acontece quando o Espírito guia a nossa vida. Paulo mostra isso ao dizer: "Pois a lei do Espírito de Deus, que nos trouxe vida por estarmos unidos com Jesus Cristo, livrou você da lei do pecado e da morte" (Rm 8.2, NTLH). Portanto, sim, sonhe grande, mas certifique-se de que seus sonhos estão de acordo com a Palavra de Deus e promovem os propósitos dele.

Pergunte a você mesmo:

- Que alvo liberaria em minha vida a paixão por Deus?
- Que sonhos de Deus estão soterrados pela vida?
- O que devo tentar fazer para Deus com o restante da minha vida?

Entrar em sintonia com as paixões que Deus lhe deu transforma sua vida diária. As paixões fazem o trabalho parecer diversão e nossos dons e paixões pegam fogo como combustível espiritual, impelindo-nos a novos níveis de serviço quando os misturamos com nossas habilidades naturais.

Em que você naturalmente se destaca? Veremos no próximo capítulo como habilidades singulares desempenham um papel em sua vida quando transformadas por Deus. Você descobrirá como elas trazem mais colorido e clareza à obra-prima que você é.

APLICANDO O QUE APRENDEU

Reflita no que você aprendeu. O que faz o seu coração bater de emoção?

_____
_____
_____
_____
_____
_____

Compreenda o que você recebeu. Por que seu coração se emociona com essas coisas?

_____
_____
_____
_____
_____
_____

3. OPÇÕES DO CORAÇÃO

Peça ajuda de outros. Quem seriam duas fontes de sabedoria, apoio e encorajamento para confirmar o que você descobriu sobre você mesmo e que podem ajudá-lo a aclarar isso?

_____

_____

_____

_____

_____

_____

_____

Responda pela fé. Identifique duas atitudes práticas que você pode tomar no próximo mês que façam o seu coração bater por Deus.

1. _____

_____

_____

2. _____

_____

_____

Capítulo 4

RECURSOS PESSOAIS

Descubra o que você faz naturalmente bem

Deus deu a cada um de nós a habilidade de fazer bem determinadas coisas.
Romanos 12.6a, BV

Mostre-me uma pessoa que não conheça seus talentos
ou não os desenvolveu para servir outros,
e eu lhe mostrarei uma pessoa com pouco senso de
propósito, significado, motivação e valor.
Tom Paterson

4. RECURSOS PESSOAIS

Deus deu a você uma força incrível.

Minha esposa fitava-me do outro lado do balcão da cozinha. Eu sabia que ela esperava que eu dissesse alguma coisa em resposta ao que ela acabara de descarregar. Orei pedindo as palavras certas.

— Sou apenas uma mãe — ela disse. — Não tenho muito a oferecer nesta fase da minha vida, Erik. Tudo o que faço é limpar, cozinhar e levar as crianças de uma atividade para outra. É uma ocupação de vinte e quatro horas por dia, sete dias por semana. Sobra pouco tempo para eu descansar e menos ainda para pensar na realização do propósito especial que Deus tem para mim.

Tinha sido um dia atarefado, e ela estava chegando ao fim da corda. Naquele momento eu sabia que ela não precisava da formulação de nenhum plano estratégico de minha parte. O que ela precisava e queria era um ouvido e um coração sensível.

Pegamos um pedaço de papel e anotamos dez coisas que ela amava fazer: treinar, inspirar, correr, aconselhar, encorajar, ouvir, ajudar, ler, prover e organizar.

Depois demos uma olhada na sua agenda para ver onde aquelas habilidades inspiradoras incríveis poderiam ser postas em uso para Deus neste momento de sua vida. Todas as manhãs, às 5h30 ela fazia exercícios com um grupo de mulheres: oportunidade perfeita para treinar, inspirar e encorajar outros. Havia ainda as mulheres do pequeno grupo na igreja. Elas precisavam de seus dons também. Sua capacidade de organizar e ajudar poderia ser usada para orquestrar o retiro anual das esposas de pastores e as reuniões trimestrais.

Ao final da noite, ela começava a ver que Deus podia usar suas habilidades naturais em qualquer período da vida. Tudo o que ela precisava era estar disponível e atenta. Não importava se o que ela fazia era notado por outras pessoas. Isso nunca é o objetivo no serviço a Deus. Corações dispostos é que são o prazer dele.

A questão não é se o que ela está fazendo neste momento é o seu máximo Propósito no Reino, o que poderia muito bem ser. Aliás, a maternidade em si já é um *grande* propósito.

Contudo, minha esposa, como muitas mulheres hoje, desejava fazer mais para Deus. Ao fazer esses pequenos depósitos de amor na vida de outras pessoas, ela está aumentando seu tesouro com Deus. Como já disse alguém com muita profundidade: "A diferença entre um dia comum e um dia extraordinário não é tanto o que você faz, mas para quem você o faz".

Talvez neste período de sua vida você não cogite ter um filho, mas continua querendo saber como usar as habilidades que Deus lhe concedeu para glorificar o nome dele. Quase sempre gostamos das coisas que fazemos bem. Rick Warren escreve:

> As habilidades que você *efetivamente* possui são um forte indício do que o Senhor quer que você faça. São pistas para que você conheça a vontade de Deus para sua vida [...] Deus não desperdiça capacidade; ele combina o nosso chamado com as nossas habilidades.[1]

Pense por um momento no que você gosta de fazer, nas tarefas que sente confiança em realizar. Esta reflexão ajudará você a descobrir as formas específicas pelas quais pode fazer depósitos de amor por meio do serviço. Uma coisa Deus deixa bem claro: ele nos deu "diferentes dons, de acordo com a graça que nos foi dada" (Rm 12.6a). Assim como minha esposa e milhões de outras pessoas, você também se destaca ao fazer certas coisas.

Ao longo de sua vida, você descobre coisas que naturalmente gosta de fazer. Isso também significa que há certas coisas que você pode muito bem viver *sem* fazer. As coisas que você gosta de fazer acabam sendo pra você mais diversão do que trabalho. Quando surgem oportunidades para essas coisas, elas disparam uma expectativa ansiosa de começar o quanto antes. Elas não parecem cansativas ou demoradas. Algumas pessoas chegam a comentar que o que você faz parece não precisar de esforço algum pela facilidade e alegria evidentes quando você o faz.

4. RECURSOS PESSOAIS

Essa alegria e facilidade podem ser encontradas na maneira pela qual você usa suas habilidades em favor de outros. No livro *Discovering Your Divine Assignment* [Descobrindo a tarefa que Deus lhe deu], Robin Chaddock pergunta:

> Alguém já disse certa vez: "Muito obrigado" e a sua resposta foi "Mas eu não fiz nada"?... As pessoas são curadas por Deus, não por todas aquelas coisas que você acha que deveria ser e fazer pelo bem do mundo, ele as cura quando você simplesmente é e faz o que Deus quer que você seja e faça.[2]

Por isso a pergunta que você deve fazer a si mesmo é: "Onde naturalmente me destaco?" Você é alguém que gosta de inspirar outras pessoas? Está freqüentemente perguntando "o que posso fazer"? Sua criatividade é evidente nas coisas que faz? Você gosta de trabalhar com as mãos? Tem talento musical? Você é conhecido por formar equipes? Estabelecer metas é algo natural na sua vida? Você atinge seus objetivos regularmente? Fica entusiasmado com o desafio de renovar e aprimorar eventos? Você guarda algum registro de elaboração de visão e consegue encorajar as pessoas na direção dessa visão? Não importa o que você faça naturalmente bem e goste de fazer. Encontre um jeito de usar isso para Deus!

Talvez você já esteja usando suas aptidões naturais para Deus. Se for assim, que Deus o abençoe! Mas,... você já pensou que Deus pode ter mais para você? Você deseja mais? Deus pode estar dizendo: "Mova-se, amado! Cresça!"

Durante anos, Peggy pensou estar cumprindo o propósito de Deus para sua vida. Escritora e editora, ela enxergava seu emprego de editora do jornal interno da empresa como forma de usar os dons que tinha e via as pessoas ao redor como campo missionário pessoal. Entretanto, pouco a pouco ela sentia que havia algo mais. Um dia ela pegou o livro do Bob Briner, *Roaring Lambs* [Cordeiros que rugem], que encoraja os cristãos a usarem suas habilidades para impactar o mundo para Cristo.

Ela sabia que a mensagem era para ela. Peggy disse:

FORMADO COM UM PROPÓSITO

— Alguns anos depois, meu pastor estava escrevendo o pequeno livro chamado *Uma vida com propósitos* e aquela voz interior ia aumentando cada vez mais. Eu me via diariamente de joelhos, entregando minha vida para que Deus me usasse. Não muito tempo depois, conheci um autor que, "por acaso" estava escrevendo um livro sobre um assunto que me apaixonava. "Talvez você possa me ajudar com ele", sugeriu o autor. Nenhum de nós tinha a menor idéia do que Deus tinha em mente! Tornei-me a terceira pessoa da equipe que criou o livro, um enorme propósito de vida para mim. Mas Deus tinha ainda muito mais.

— Por causa daquela conexão, fiquei sabendo de possibilidades que jamais sabia terem existido e reconheci a mão de Deus em ação. Hoje uso meus dons, paixões e habilidades para ajudar outros a, por meio da escrita, darem o seu melhor para Deus. Eu creio que isso agrada a Deus: ver seus filhos ajudando-se mutuamente.

Deus nunca termina de mostrar-nos seu propósito, enquanto não pararmos de buscá-lo. Somos feitos para ser usados por Deus.

Em *Moldado por Deus*,[3] Max Lucado mostra como a falta de ação leva à perda de propósito:

> Para me encontrar, dê uma olhada no canto da loja, bem aqui, atrás das teias de aranha, debaixo da poeira, na escuridão. Existem muitos de nós, manivelas quebradas, lâminas cegas, ferro trincado. Alguns de nós já fomos úteis um dia, mas então... e muitos de nós nem sequer chegamos a ser úteis. Mas, preste atenção, não sinta pena de mim. A vida não é tão ruim aqui na pilha... nada de trabalho, nada de bigornas, nada de sofrimento, nada de afiação. E os dias são bastante longos.

Os dias *podem* ser muito compridos — a *vida* pode ser muito longa e sem sentido — sem a experiência de sermos usados para um propósito maior do que nós mesmos.

Ao pensarmos em nossas virtudes e áreas de interesse, a idéia não significa impulsionar nossa auto-estima identificando nosso grau de qualificação. Ao contrário, isso serve para nos lembrar do quanto Deus

4. RECURSOS PESSOAIS

é sumamente qualificado para colocar em ação tudo o que ele criou. Nossas forças e habilidades ostentam a grandeza e a magnitude *dele*.

Como pastor, tenho visto muitas pessoas lutarem para identificar suas habilidades naturais. Elas perderam o foco sobre o que amam fazer e as áreas em que se destacam. Quase sempre focalizamos demais fazer somente o que pensamos que deveríamos fazer — ou o que nos sentimos pressionados a continuar fazendo — para sustentarmos um certo estilo de vida. Libertamo-nos dessa pressão quando vamos em busca das atividades para as quais Deus nos planejou com exclusividade. Que vida você quer?

Na clássica história de Charles Dickens, *Um conto de natal*,[4] o avarento Ebenezer Scrooge encontra o fantasma do seu falecido sócio, Jacob Marley. Scrooge cumprimenta Marley por sua excepcional astúcia por negócios. Entretanto, o egoísmo de Marley em vida condenou-o a observar na morte o que poderia ter mudado se o tivesse desejado. Ele se irrita com o comentário egoísta de Scrooge: "Negócios! O ser humano era o meu negócio. O bem comum era o meu negócio; caridade, compaixão, clemência e benevolência — isso tudo era o meu negócio. Minhas transações comerciais não passavam de uma gota d'água no oceano dos meus negócios!"

Jacob Marley aprendera tarde demais que suas forças e habilidades haviam sido desperdiçadas por causa de sua obstinada determinação de viver apenas e tão-somente para o dinheiro. Em vida, ele se convencera de que o que era "bom para os negócios" era o seu propósito mais importante. Agora, na morte, ele advertia Scrooge sobre as conseqüências de ficar escravo dessa mesma mentalidade.

Você, tal como Scrooge, perdeu o foco? Está distraído por valores que servem só a você mesmo? Gostaria de encorajar você a reavaliar as habilidades que Deus lhe deu, à luz de seus propósitos eternos e da situação de vida na qual ele o colocou. O que você descobrir pode libertá-lo, e abrir a porta para um ministério realizador que você nunca imaginou!

Abrace as coisas que você gosta de fazer

Você encontrará nas páginas 86 a 88 uma lista de cinqüenta habilidades específicas. Ao ler uma por uma, você será solicitado a indicar se a ama, gosta dela ou pode viver sem ela. O objetivo é você abraçar as coisas que ama fazer, não apenas aquelas que *pode* fazer. O seu trabalho, por exemplo, pode exigir que você lidere. No entanto, você pode não ter um genuíno desejo de liderar. Se esse for o caso, por que incluir a liderança como parte de sua FORMA exclusiva?

É fácil esquecer disso em nossa vida diária, mas um dia, cada um de nós prestará contas a Deus pelo que fizemos com os talentos que ele nos deu, então obtenha o máximo dos seus talentos agora! A vida é curta demais para nos contentarmos com menos do que dar o melhor de nós para Deus. Arthur F. Miller Jr. escreve: "Entenda que você é uma idéia de Deus. Você prestará contas por usar o que ele lhe deu para trabalhar".[5]

Quando Annie soube que havia uma oportunidade num ministério jovem na igreja, em que suas habilidades específicas poderiam ajudar outros a adorar a Deus, dedicou-se a ele movida pelo desejo de ser obediente. Ainda que sentisse alegria naquele ministério, ela se deu conta de que ainda não servia com toda a sua eficiência.

Ao trabalhar com estudantes colegiais, Annie percebeu que muitos deles desejavam adorar a Deus através da arte, mas não tinham oportunidade. Ela então começou a procurar uma forma de usar sua própria habilidade artística, percebendo que tinha a responsabilidade de usar o talento que Deus criara nela. Ao começar seu ministério de artes, Annie descobriu que havia sido abençoada para ser bênção a outros. Ela ajudou os jovens a demonstrar seu amor e reverência por Deus de maneiras novas e até não-convencionais.

A adoração a Deus não deveria nunca ser convencional ou programada, mas é muito fácil cair no que é conhecido. Quase sempre nos limitamos a alguns poucos hábitos. Annie viu uma oportunidade de mudar algo com os estudantes do ensino médio que Deus havia colocado bem à sua frente.

4. RECURSOS PESSOAIS

A experiência de Annie mostra como é importante identificar e assumir as habilidades que Deus nos deu. Adoro como ela expressa isso: "Eu poderia estar fazendo arte em qualquer lugar, mas encontrei muito mais realização e significado em fazê-la para Deus". Annie entregou suas habilidades e paixões para Deus e encontrou um propósito que mudou outras vidas.

Andrew Murray, grande pregador do século XIX, fez a seguinte analogia: "Eu tenho uma caneta em meu bolso, disponível a seu propósito de escrever e ela deve submeter-se à minha mão se vou escrever com ela adequadamente. Se alguém mais segurá-la comigo, ainda que parcialmente, não posso escrever com ela".[6] Pelo mesmo motivo, se abafamos as habilidades naturais que Deus nos deu quando nascemos, ou se as usamos para propósitos que não levem Deus em conta, esses talentos não podem ser usados plenamente.

Você sabe com quais habilidades nasceu? Se não, será de grande ajuda responder às perguntas que se seguirão. Ao ler cada habilidade, classifique-a de acordo com os critérios mencionados.

Amo isso!

Você não pode imaginar a vida sem estas atividades. Elas completam o seu dia. Se pudesse escolher, você faria estas coisas em tempo integral. É com estas habilidades que você atenderá às necessidades do grupo de pessoas que identificou no último capítulo. Elas podem ser, mas não necessariamente, parte do seu trabalho. O seu trabalho diário pode ser apenas o de fazer tendas, como foi para o apóstolo Paulo. Se você está insatisfeito com o que faz em tempo integral, encontrar o que você mais ama fazer poderia substituir sua ocupação atual.

Gosto disso!

Você pode ter prazer nestas atividades, mas não precisa fazê-las regularmente para sentir-se satisfeito. A sua atitude diante delas é "posso pegar ou largar". Por exemplo, você pode gostar de treinar ou ensinar, mas estas coisas não o satisfazem como as coisas que você realmente ama.

Vivo sem!

Estas atividades o deixam ligeiramente aborrecido e desanimado comparando com o que você ama fazer. Diante da expectativa de ter de fazer estas coisas, a sua reação imediata é pensar em como *não* fazê-las. Quando você tem de lidar freqüentemente com responsabilidades deste tipo, acaba se sentindo esgotado. Você é capaz de executar estas tarefas perfeitamente, mas tem pouco ou nenhum desejo em fazê-lo.

Cinqüenta habilidades específicas

As habilidades a seguir são razoavelmente comuns, mas a lista está longe de ser completa. Todas as habilidades importam para Deus. Aos olhos dele todas são igualmente importantes. Se a sua habilidade em particular não estiver indicada, anote-a no formulário do Apêndice 1, "Forma para o Perfil de Vida", nas páginas 251 a 253.

Verifique as habilidades naturais em que você se destaca e ama usar

- **Aconselhamento:** Habilidade em guiar, encaminhar, aconselhar, apoiar, ouvir, cuidar.
- **Adaptação:** Habilidade em se ajustar, mudar, alterar, modificar.
- **Administração:** Habilidade em governar, fazer funcionar, gerenciar.
- **Análise:** Habilidade em examinar, investigar, sondar, avaliar.
- **Aprendizado:** Habilidade em estudar, sistematizar, compreender, melhorar, expandir-se.
- **Apresentação:** Habilidade em cantar, falar, dançar, tocar um instrumento, representar.
- **Aprimoramento:** Habilidade em tornar melhor, aumentar, adicionar, enriquecer.
- **Cálculos:** Habilidade em somar, estimar, totalizar.
- **Competição:** Habilidade de combater, vencer, batalhar.

4. RECURSOS PESSOAIS

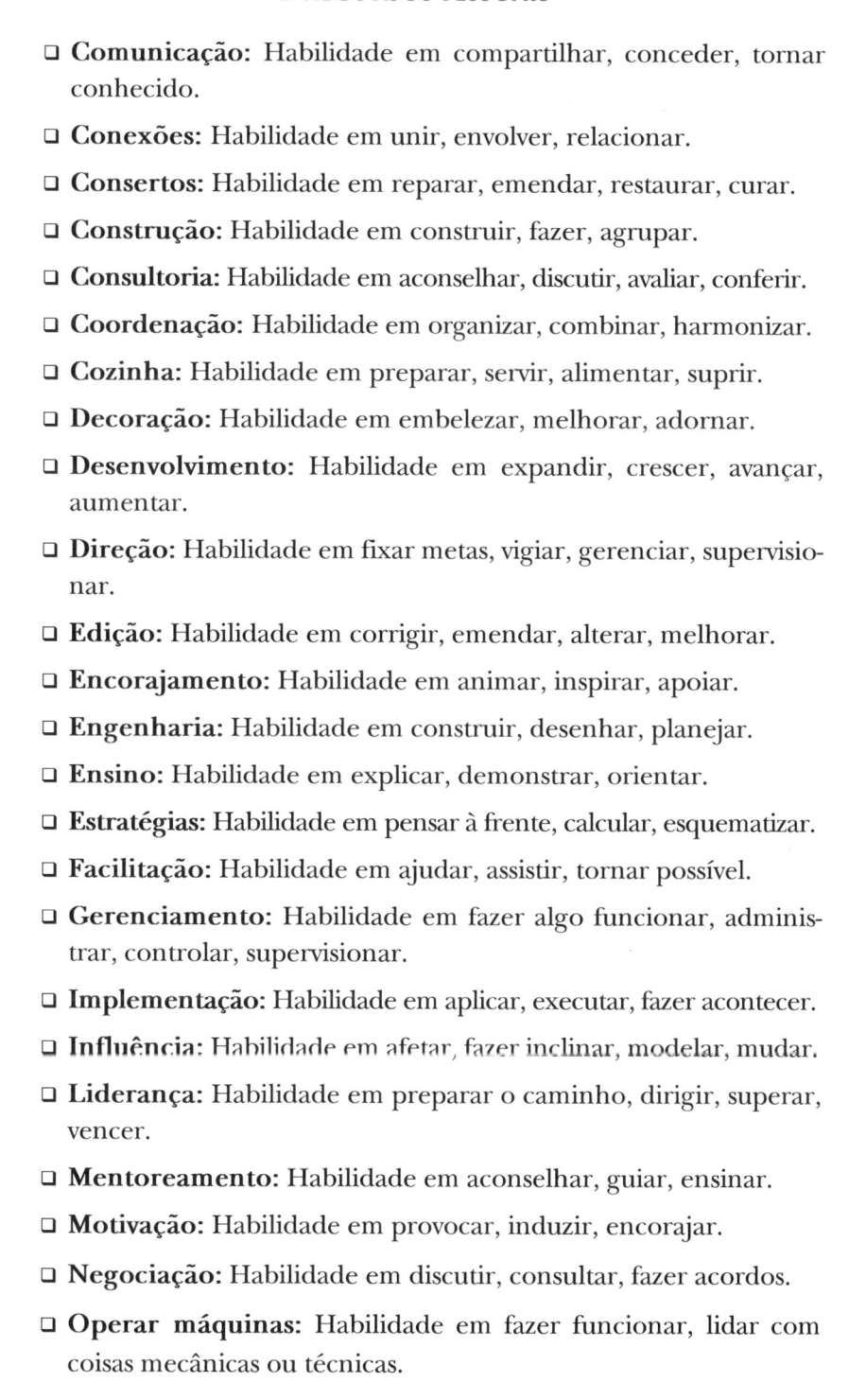

- **Comunicação:** Habilidade em compartilhar, conceder, tornar conhecido.
- **Conexões:** Habilidade em unir, envolver, relacionar.
- **Consertos:** Habilidade em reparar, emendar, restaurar, curar.
- **Construção:** Habilidade em construir, fazer, agrupar.
- **Consultoria:** Habilidade em aconselhar, discutir, avaliar, conferir.
- **Coordenação:** Habilidade em organizar, combinar, harmonizar.
- **Cozinha:** Habilidade em preparar, servir, alimentar, suprir.
- **Decoração:** Habilidade em embelezar, melhorar, adornar.
- **Desenvolvimento:** Habilidade em expandir, crescer, avançar, aumentar.
- **Direção:** Habilidade em fixar metas, vigiar, gerenciar, supervisionar.
- **Edição:** Habilidade em corrigir, emendar, alterar, melhorar.
- **Encorajamento:** Habilidade em animar, inspirar, apoiar.
- **Engenharia:** Habilidade em construir, desenhar, planejar.
- **Ensino:** Habilidade em explicar, demonstrar, orientar.
- **Estratégias:** Habilidade em pensar à frente, calcular, esquematizar.
- **Facilitação:** Habilidade em ajudar, assistir, tornar possível.
- **Gerenciamento:** Habilidade em fazer algo funcionar, administrar, controlar, supervisionar.
- **Implementação:** Habilidade em aplicar, executar, fazer acontecer.
- **Influência:** Habilidade em afetar, fazer inclinar, modelar, mudar.
- **Liderança:** Habilidade em preparar o caminho, dirigir, superar, vencer.
- **Mentoreamento:** Habilidade em aconselhar, guiar, ensinar.
- **Motivação:** Habilidade em provocar, induzir, encorajar.
- **Negociação:** Habilidade em discutir, consultar, fazer acordos.
- **Operar máquinas:** Habilidade em fazer funcionar, lidar com coisas mecânicas ou técnicas.

- **Organização:** Habilidade em simplificar, arranjar, consertar, classificar, coordenar.
- **Paisagismo:** Habilidade em jardinagem, plantar, melhorar.
- **Pesquisa:** Habilidade em buscar, reunir, examinar, estudar.
- **Pioneirismo:** Habilidade em fazer ou trazer algo novo, pioneiro, original.
- **Planejamento:** Habilidade em arranjar, traçar, preparar.
- **Previsão:** Habilidade em predizer, calcular, apontar tendências, padrões e assuntos.
- **Projetos:** Habilidade em desenhar, criar, retratar, esboçar.
- **Promoção:** Habilidade em vender, patrocinar, endossar, mostrar, apresentar.
- **Recepção:** Habilidade em entreter, cumprimentar, abraçar, deixar à vontade.
- **Recrutamento:** Habilidade em selecionar, alistar, locar, contratar.
- **Recursos:** Habilidade em fornecer, oferecer, suprir.
- **Redação:** Habilidade em compor, criar, registrar.
- **Servir:** Habilidade em ajudar, assistir, cumprir.
- **Tradução:** Habilidade em interpretar, decodificar, explicar, falar.
- **Treinamento:** Habilidade em preparar, instruir, treinar, equipar, desenvolver.
- **Viajar:** Habilidade em ir, visitar, explorar.
- **Visualização:** Habilidade em retratar, imaginar, ter visão, sonhar, conceber.

Suas melhores habilidades: Se você escolheu mais que cinco itens dentre os cinqüenta, volte e escolha os cinco que melhor o definem. Se você escolheu cinco ou menos, anote-os a seguir.

1. _____
2. _____
3. _____

4. RECURSOS PESSOAIS

4. _____

5 _____

Agora transfira sua respostas para o Apêndice 1, nas páginas 251 a 253.

Expressando o que você ama fazer

Dê mais uma olhada em sua lista de melhores habilidades. Existe algo nessa lista sem o qual você não pode viver? Lembre-se, o objetivo é revelar e expressar as habilidades naturais, aquelas em que Deus permitiu que você se destacasse, para que possa usá-las com o objetivo de realizar seu Propósito no Reino sem ansiedade ou temor de falhar.

Michelângelo disse: "O maior risco para a maioria de nós não é o nosso objetivo ser alto demais a ponto de não podermos alcançá-lo, mas é o fato de ele ser baixo demais e nós o conseguirmos". Devemos viver a vida esperando Deus dizer: "Muito bem!"

Você se lembra que Stacey, minha esposa, fez uma lista das dez coisas que ela amava fazer? Você acaba de fazer uma lista como aquela! Agora faça o que Stacey fez em seguida: pense em algumas pequenas coisas que você pode fazer pelos outros todos os dias, para expressar naturalmente seu amor e coração em servir.

- De que maneiras você pode usar o que ama fazer para acumular pequenos depósitos de amor **em sua casa** nesta semana?

_____

_____

- De que maneiras você pode usar o que ama fazer para acumular pequenos depósitos de amor **no trabalho** nesta semana?

_____

_____

_____

- De que maneiras você pode usar o que ama fazer para acumular pequenos depósitos de amor *na igreja* nesta semana?

_____

_____

_____

- De que maneiras você pode usar as coisas que ama fazer para acumular pequenos depósitos de amor *em seu pequeno grupo* nesta semana?

_____

_____

_____

Você já ouvir falar de um sujeito chamado Sangar? Confesso que ele não estava no topo da minha lista de personagens bíblicas, até que li um livro a seu respeito, The Three Success Secrets of Shamgar[7] [Os três segredos de sucesso de Sangar], de Pat Williams, Jay Strack e Jim Denney.

Sangar foi um dos juízes hebreus, que viveu entre a época de Josué e a do rei Saul. Sangar não conseguiu muito espaço na Bíblia, mas o que ele fez foi incrível. Sozinho contra um exército de seiscentos filisteus, Sangar usou uma aguilhada de bois para matá-los (ver Juízes 3.31). O que havia de tão especial a respeito de Sangar?

Sangar era apenas uma pessoa mediana, não diferente de... você. Ele era um ser humano comum que viveu numa época extraordinária, assim como nós hoje... O fato é, se você não está disposto a encarar a desigualdade de seiscentos contra um, nunca alcançará alguma coisa grandiosa. Nada que vale a pena fazer é fácil. As conquistas significativas sempre envolvem um alto grau de coragem, foco, perseverança e, claro, de risco.

Jay Strack recorda então a noite quando ele, um jovem que sofreu abusos a vida toda, ouviu o evangelista E. V. Hill contar a história de

4. RECURSOS PESSOAIS

Sangar: "[Hill] era um dos mais poderosos pregadores que eu já tinha ouvido. Ainda posso ouvir sua voz soar em minha mente: 'Sangar fez o que pôde, com o que tinha, exatamente onde estava, e aproveitou cada chance que teve' ".

A questão é, se você está disposto a arriscar tudo entregando suas habilidades a Deus, você também pode superar a desvantagem de seiscentos contra um. Estatisticamente, eu não poderia ser pastor hoje. Os entendidos dizem que as crianças que sofreram abuso têm grandes chances de nunca se tornarem cidadãos produtivos. As prisões estão cheias de provas disso. Embora eu tenha sofrido certo tipo de abuso, uma vez que coloquei tudo nas mãos de Deus, ele me ajudou a superar uma desvantagem de pelo menos seiscentos contra um.

Em seu ensaio *O peso de glória*,[8] C. S. Lewis escreve: "Parece que nosso Senhor encontra os nossos desejos não fortes demais, mas muito fracos. Somos criaturas de coração dividido, enganando-nos com bebida, sexo e ambição quando a alegria infinita nos é oferecida, como uma criança ignorante que quer fazer torta de lama numa rua suja por não poder imaginar o significado da oferta de um feriado na praia. Nós nos contentamos com facilidade demais".

Independentemente do que Deus esteja mostrando a você nestas páginas, a respeito do seu exclusivo propósito de vida, insisto para que você não vá atrás disso sem paixão. Esforce-se pela alegria infinita. Ouse ser um Sangar!

Uma maneira de fazer isso é deixar suas habilidades brilharem por meio da personalidade singular que Deus lhe deu. É tentador querer ser igual a outra pessoa, mas isso defrauda a Deus, a você mesmo e aos outros. Deus tem uma missão distinta que só pode ser realizada se *você for você*.

APLICANDO O QUE APRENDEU

Reflita no que aprendeu. O que você aprendeu sobre Deus e como ele quer que você use suas habilidades?

_____
_____
_____
_____
_____
_____
_____

Compreenda o que você recebeu. Escreva uma nota de agradecimento a Deus pelas habilidades naturais com as quais ele o agraciou.

_____
_____
_____
_____
_____
_____
_____

4. RECURSOS PESSOAIS

Peça ajuda de outros. Que duas pessoas você pode convidar nesta semana para fazer uma lista das coisas que você ama fazer? O *feedback* delas ajudará você a determinar se seus motivos estão ou não relacionados em dar e não em receber.

_____

_____

_____

_____

_____

_____

_____

Responda pela fé. Identifique dois passos que você pode dar no próximo mês para melhor expressar o que ama fazer.

1. _____

_____

2. _____

_____

_____

Capítulo 5

MODO DE SER

Descobrindo quem Deus fez você ser

Como num vitral, nossas diferentes personalidades
refletem a luz de Deus em muitas cores e padrões.
Rick Warren

A arte de ser você mesmo o melhor possível é a arte de desenvolver
a sua personalidade na pessoa que você quer ser...
Seja gentil consigo mesmo, aprenda a se amar e a se perdoar
porque somente quando temos a atitude certa conosco
é que podemos ter a atitude certa com os outros.
Wilfred Peterson

5. MODO DE SER

Assuma a pessoa que Deus fez você ser.

"Meu estilo de personalidade não é do tipo que me faz muito visível. Isso significa que tenho menos valor?"

Shelly costumava pensar que as pessoas expansivas e competitivas é que são as usadas por Deus. Quando ela se comparava com a agressividade delas, semelhante à de um desportista de destaque, sentia-se inadequada aos propósitos de Deus.

Deus, entretanto, não mede as pessoas da maneira que a maioria de nós o faz. Enquanto o mundo valoriza a aparência como prestígio, posição e prosperidade, Deus confere valor máximo aos aspectos menos visíveis de nossa vida.

Shelly acabou percebendo que a personalidade que ela recebeu de Deus refletia qualidades feitas sob medida por seu Criador para que ela pudesse cumprir seu exclusivo e valioso Propósito no Reino. Ela trabalha há anos como editora de vários escritores e seu trabalho ajuda os leitores a compreender melhor a mensagem de cada um deles. Embora a maneira de ela usar seus talentos e dons a mantenha nos bastidores e não nas capas, aos olhos de Deus ela não tem menos brilho do que os próprios autores.

Da mesma maneira que o Senhor deu a você paixões, habilidades e dons espirituais únicos, sua personalidade é um presente, um dom dele para você. Ele criou sua personalidade e lha deu para ser usada para a glória dele.

No esforço de explicar as diferenças da personalidade humana, os especialistas criaram muitos métodos diferentes para classificar características de personalidade. Os autores Gary Smalley e John Trent,[1] por exemplo, usam nomes de animais como Leão, Castor, Golfinho e Perdigueiro para explicar como as características desses animais refletem a nossa própria personalidade. A conferencista e autora popular Florence Littauer[2] usa as palavras *popular, poderoso, perfeito e pacífico* para representar vários estilos de personalidade.

Psicólogos também desenvolveram vários testes para identificar e classificar comportamentos específicos de personalidade. Arthur F. Miller Jr. afirma que esses testes podem ser limitadores e muito genéricos: "A alta ou a baixa pontuação não é uma medida de qualidade ou valor de um indivíduo. Cada pessoa funciona de maneira única. As características nos foram escolhidas convenientemente levando-se em conta a vasta complexidade do funcionamento humano".[3]

Rick Warren, ao se referir à personalidade, usa os quatro estilos tradicionais de temperamento, sangüíneo, colérico, melancólico e fleumático:

> A Bíblia apresenta provas suficientes de que Deus usa todos os tipos de personalidade. Pedro era *sangüíneo*. Paulo era *colérico*. Jeremias era *melancólico*. Quando você vê as diferenças de personalidade entre os doze discípulos, fica fácil entender a razão de alguns conflitos interpessoais.
>
> Não existe temperamento "certo" ou "errado" para o ministério. Todos os tipos de personalidade são necessárias para equilibrar a igreja e dar-lhe "sabor". O mundo seria um lugar muito chato se fôssemos a versão feijão-com-arroz. Felizmente, as pessoas apresentam muito mais variedade.[4]

Existe, portanto, mais de uma maneira de classificar e categorizar a personalidade de cada indivíduo. O que não muda é esta verdade inquestionável: *Deus, para sua glória, instilou uma personalidade única em cada um de nós.*

Este capítulo tem o objetivo de ajudá-lo a assumir essa verdade. Compreender a personalidade que Deus lhe deu ajudará você a expressar de modo eficaz seus dons espirituais, suas opções do coração e seus recursos pessoais para a causa dele.

Para ajudá-lo a compreender melhor sua personalidade, vamos considerar duas coisas:

1. *Como você se relaciona com outras pessoas:* O seu Propósito no Reino diz respeito a pessoas, por isso é importante descobrir como você se relaciona com os outros.

5. MODO DE SER

2. Como você responde às oportunidades: Você irá encontrar muitas oportunidades de servir ao longo da vida, por isso entender como você reage às várias situações ajudará você a fazer as melhores escolhas.

Olhando esses "como", você obterá uma melhor compreensão das características de personalidade com que Deus o presenteou. Uma das definições para personalidade é "aquilo que diferencia alguém de todos os demais". Essas características afetam a maneira de você pensar, sentir e agir. Suas características de personalidade influenciam toda a sua vida, da tomada de decisão ao lidar com mudanças, da resolução de problemas à solução de conflitos, do envolvimento com pessoas à expressão de sentimentos, da competição à cooperação. Sua personalidade tem um lugar central em todas as áreas da vida!

As pessoas são simplesmente diferentes umas das outras. Os autores Jane A. G. Kise, David Stark e Sandra Krebs Hirsh afirmam isso da seguinte forma no livro *LifeKeys: Discovering Who You Are, Why You're Here, What You Do Best* [Chaves da vida: descobrindo quem você é, por que está aqui, o que você faz melhor]:

> Estas diferenças são naturais, aspectos de personalidade dados por Deus. Ser quem você é, a pessoa que Deus planejou que você fosse, é de suma importância [...] as diferenças tornam a vida interessante. Você pode imaginar como seria o mundo se todos fossem exatamente como você, seus dons e seus defeitos multiplicados por bilhões?[5]

Será que, num momento ou outro, todos nós já não pensamos que o mundo seria um pouquinho melhor/mais fácil/mais satisfatório "se apenas" mais pessoas fossem como nós? O desejo não declarado por trás dessa idéia é que outras pessoas atendam às nossas expectativas. Nenhum de nós tem essa opção, e é óbvio que Deus nunca planejou isso. Uma olhada no mundo ao nosso redor deixa claro que Deus ama a variedade, mesmo que pessoalmente isso não nos agrade!

Deus não criou outras pessoas para agradarem a você, e não criou você para agradar a elas. Ele nos criou para agradarmos a ele. Ele nos criou para nos relacionarmos diferentemente, sentirmos diferentemente e reagirmos à vida diferentemente uns dos outros. Embora nossa cultura sempre retrate as pessoas extrovertidas e ousadas como o modelo de "sucesso", tal ponto de vista é enganoso e perigoso. Não temos de nos conformar às expectativas dos outros para sentir que realizamos algo de valor na vida.

Em *Why You Can't Be Anything You Want to Be* [Por que você não pode ser o que quer], Arthur F. Miller Jr. diz:

> Talvez você não tenha consciência do fato de que você é a expressão particular de um Deus amoroso. Você foi dotado de uma mistura única de competências e com o desejo e o impulso de usá-las na busca de um resultado de importância pessoal incomparável. Sua vida tem significado, se edificada sobre isso. Efetivamente, seu destino é empolgante, desafiador e alcançável, isso se você descobrir e assumir o que foi projetado para ser.[6]

Deus lhe deu uma personalidade única. Ele fez isso intencionalmente como parte do processo de criação da obra-prima que é a sua vida. Permita que ele, então, ajude você a compreender sua personalidade para que você dê a ele a maior glória possível.

Relacionando-se com outros

Você já entrou numa sala cheia de pessoas completamente estranhas? Qual foi sua reação? Algumas pessoas vêem nisso uma oportunidade de conhecer e se entrosar com novas pessoas, enquanto outras procuram um lugar para se esconder! Você percebe que o impulso de se entrosar não é necessariamente melhor do que a inclinação para se esconder? São apenas duas maneiras diferentes de reagir à mesma situação.

Durante o meu ministério, tenho observado que, quando se trata de relacionamentos, as pessoas tendem a determinadas categorias. Vamos dar uma olhada em algumas pistas sobre o seu estilo de relacionamento e como ele se alinha com o desejo de Deus para você.

5. MODO DE SER

Extrovertido ou reservado?

Se você prefere interagir com muitas pessoas e sente-se revigorado quando rodeado por elas, então Deus pode tê-lo feito para ser extrovertido. Por outro lado, se você prefere interagir apenas com poucas pessoas, talvez até uma de cada vez, e sente-se renovado com momentos de reflexão e silêncio, então sua natureza é mais reservada. Eu, pessoalmente, estou num meio termo. Gosto de estar cercado de pessoas e desfruto a companhia delas, mas sinto-me mais revigorado ficando sozinho para momentos de reflexão e solitude.

Quais destas declarações melhor o descrevem? *Minha tendência é...*

- ... dar um jeito de fazer parte da turma.
- ... construir relacionamentos profundos com poucas pessoas, não com muitas delas.
- ... iniciar conversas com pessoas que não conheço.
- ... hesitar em fazer parte de um grupo grande.

Expressivo ou autocontrolado?

Se você tem a tendência de se abrir e verbalizar suas idéias e opiniões e gosta de compartilhá-las com outras pessoas, você pode ser considerado expressivo. Ao contrário, se sua tendência é conservar suas idéias e opiniões para si mesmo, considere-se autocontrolado.

Meu amigo Jeff é muito extrovertido. Mas, quando se trata de compartilhar sua vida com as pessoas, ele é definitivamente autocontrolado. Antes de mostrar suas emoções aos outros, Jeff precisa construir um nível de confiança muito alto. Tenho outro amigo, diferente de Jeff, que raramente hesita em dizer como ele está se sentindo, mesmo que a pessoa tenha acabado de conhecê-lo. Ele não tem dificuldades em expressar seus sentimentos e idéias a muitas pessoas, desde que elas estejam dispostas a ouvir.

Novamente, identifique suas tendências. *Minha tendência é...*

- ... compartilhar meus sentimentos abertamente com quem acabei de conhecer.

- ... às vezes não contar meus pensamentos e sentimentos a outras pessoas.

- ... procurar oportunidades para compartilhar minha vida com outros.

- ... procurar me preservar bastante, por isso poucas pessoas podem *de fato* me conhecer.

Cooperativo ou competitivo?

Você normalmente aceita opiniões de outros sem discordar? O seu objetivo na vida é evitar conflitos tanto quanto possível, tentando viver pacificamente com outros o tempo todo? Em caso afirmativo, é provável que você seja mais cooperativo em relação aos outros. Entretanto, se você gosta de vencer e superar obstáculos e se gosta de aceitar desafios, você tem natureza competitiva. Todos nós conhecemos pessoas que não têm espírito competitivo, e outras que têm a competitividade de um atleta profissional!

E quanto a você? *Minha tendência é...*

- ... manter o foco em garantir que as pessoas estejam bem quando estou perto delas.

- ... dar importância às conquistas.

- ... entrar no conflito e gostar de vencer.

- ... procurar formas de satisfazer aos outros.

Não existe nada de estranho em ser uma combinação de diferentes tendências de personalidade. Deus não está limitado a trabalhar apenas com algumas listas de características psicológicas. Na verdade, ele quer que evitemos ser classificados ou rotulados pelos outros ou por nós mesmos.

5. MODO DE SER

Recapitulando o relacionamento

Então, como você descreveria sua maneira de se relacionar com outros usando as categorias que acabamos de ver? Pessoalmente, tendo a ser mais reservado, autocontrolado e muito competitivo. E você? Circule as palavras a seguir que MELHOR descrevem a maneira de você se relacionar com os outros. Você pode circular o "x" no meio se o seu estilo de personalidade incluir as duas características.

Extrovertido	x	Reservado
Expressivo	x	Autocontrolado
Cooperativo	x	Competitivo

Sua reação a oportunidades

Se você pudesse escolher a situação ideal em que você mais se sente capacitado para fazer diferença máxima para Deus, como seria ela? Você pode pensar no ano que passou e pensar nas oportunidades que lhe trouxeram maior realização e melhores resultados. Como o fazendeiro que examina sua colheita, quais oportunidades deram mais "frutos"?

Observe as categorias a seguir, preparadas para ajudá-lo a compreender como você reage quando Deus lhe dá uma oportunidade.

Alto ou baixo risco?

Alguns de nós procuram situações que envolvem riscos, enquanto outros as evitam a todo custo e, se apresentados a situações de incerteza, fugimos delas o mais que podemos. Para você é natural estar em torno de oportunidades de servir que envolvam poucos riscos e poucas mudanças, ou seu coração acelera com adrenalina quando surgem oportunidades com níveis mais altos de risco?

Pense em sua situação de comodidade. *Minha tendência é...*

- ... evitar muita mudança.
- ... apreciar ambientes caóticos.
- ... prosperar quando o risco é muito baixo.
- ... ficar motivado quando tenho a oportunidade de superar obstáculos e alcançar sucesso.

Pessoas ou projetos?

Minha amiga Dawn ama pessoas. Todas as pessoas. Ela se apresenta em qualquer oportunidade que envolva pessoas. Apesar de ser eficiente em concluir projetos, ela dá mais valor a pessoas do que a processos e projetos. E você? Fica entusiasmado com oportunidades que envolvam pessoas ou prefere ajudá-las com o trabalho feito nos bastidores dos projetos em que estão trabalhando?

Minha tendência é...

- ... abraçar as oportunidades que atinjam diretamente as pessoas.
- ... procurar formas de realizar projetos.
- ... gostar demais de orquestrar e coordenar muitos projetos.
- ... encontrar realização quando posso trabalhar com alguém no um-a-um ou num pequeno grupo.

Seguir ou liderar?

As personalidades dos doze discípulos mais próximos de Jesus certamente refletem a diversidade. Havia um coletor de impostos realista e prático e uma dupla de ativistas políticos. André era alguém que estava sempre nos bastidores, e seu irmão, Simão, um elefante numa loja de cristais, mas alguém do tipo "pau-para-toda-obra". Talvez você esteja disposto a seguir a liderança de alguém, como André, ou talvez você se sinta melhor sendo o líder. Novamente, não existe temperamento certo ou errado. É simplesmente uma questão de compreender como Deus o criou.

Minha tendência é...

5. MODO DE SER

- ... estar em posição de liderança.
- ... estar à vontade ao seguir outra pessoa.
- ... impactar outros com minha vida.
- ... sentir-me realizado em ajudar outros a encontrar sucesso.

Equipe ou solo?

Algumas pessoas gravitam naturalmente em torno de oportunidades que incluam trabalhar em equipe, enquanto outros sentem que podem causar maior impacto trabalhando sozinhos ou com um pequeno grupo de pessoas. Você sente que ser parte de uma equipe é importante para um resultado bem-sucedido? Ou acredita que causa maior impacto sozinho?

Minha tendência é...

- ... preferir trabalhar em equipe.
- ... procurar oportunidades em que posso trabalhar só.
- ... sentir-me fortalecido quando estou rodeado de pessoas.
- ... trabalhar com mais eficácia quando estou só.

Rotina ou variedade?

Se você prefere atividades que claramente definem o que se espera de você e a realização da atividade esteja ao seu alcance, sua tendência é ser mais rotineiro por natureza. Se, ao contrário, você gosta de se envolver com muitos projetos, é uma boa indicação de que a variedade fará parte do seu exclusivo Propósito no Reino.

Minha tendência é...

- ... começar muitos projetos ao mesmo tempo.
- ... encontrar realização quando posso terminar um projeto de cada vez.

- ... ter alta capacidade e procurar formas de fazer muitas coisas ao mesmo tempo.
- ... ficar estressado com mudanças constantes.

Recapitulando a reação

Como então você reage às oportunidades que se apresentam? Normalmente prefiro oportunidades que envolvam riscos moderados, projetos que impactam pessoas, liderar, trabalhar com equipes pequenas e muita variedade. O que faz você sentir realização ao final do dia? Assinale as palavras a seguir que MELHOR descrevem como você reage a oportunidades de contribuir. Novamente, você pode assinalar o "x" do meio se o seu estilo de personalidade está no limite das duas características.

Alto risco	x	Baixo risco
Pessoas	x	Projetos/ Processos
Seguir	x	Liderar
Equipe	x	Solo
Rotina	x	Variedade

Seja verdadeiro com aquele que Deus fez você ser

Será difícil cumprir o seu Propósito no Reino se você se envolver em oportunidades de ministério que não se encaixam com o que Deus projetou para você. Muitas vezes as pessoas contentam-se com boas oportunidades quando poderiam assumir para Deus excelentes oportunidades. Se você é mais cooperativo, não tente ser competitivo. Se você é naturalmente reservado, não force para ser mais extrovertido. Se gosta de rotina, não se responsabilize por algo que está em constante variação.

Tentar conformar-se a tipos de personalidade e padrões fora da nossa FORMA natural vai contra tudo o que Deus, como nosso Criador, quer que entendamos sobre nós mesmos. Honramos a Deus quando

5. MODO DE SER

aceitamos nossa personalidade e a usamos para seus propósitos, não de maneira relutante — com uma atitude "já que tenho que fazer..." —, mas vivendo com alegria a FORMA que Deus criou em nós.

Claro, cada um de nós pode, por um tempo, agir fora de seu padrão de personalidade. Você decide usar (ou não) sua personalidade da maneira que quiser. De fato, às vezes precisamos nos aventurar para descobrir nossa personalidade plena. Mas, se você está continuamente fora do seu próprio estilo de personalidade, tentando ser o que não é, será ineficaz para Deus. Não existem pessoas erradas, apenas pessoas certas fazendo coisas erradas.

Tenho visto esse erro ser cometido por muitas pessoas a quem se pediu para desbravarem novos territórios quando elas, na verdade, desejavam apenas "cuidar do que já existe". Esse desencontro de expectativas tem levado indivíduos a um ponto de total frustração em suas ocupações. Deus não criou você para viver num estado de frustração ou desânimo; a intenção dele é que você experimente a realização plena que só é possível quando se é aquilo que fomos projetados para ser.

Lory, em sua dinâmica carreira, fez bom uso das suas habilidades e talentos, mas o ambiente de trabalho predominantemente masculino não se ajustava bem à sua personalidade. Lory forçou sua adaptação, porque tinha muito a contribuir e o uso de suas habilidades lhe trazia gratificação, mas ela sentia falta de um senso mais profundo de realização. Precisava expressar o lado de sua personalidade que desejava servir. Ela define: "Eu me sentia incompleta".

Em vez de procurar um novo emprego em outro lugar, Lory decidiu aposentar-se mais cedo e mergulhou de cabeça no serviço a outros na igreja por intermédio de sua FORMA. Agora sua vida diária mostra o trabalho artístico de Deus e dá a ela o tipo de realização que somente a expressão de sua verdadeira personalidade pode dar.

Se seu atual local de trabalho afeta negativamente seu espírito, considere a possibilidade de Deus estar usando a situação como uma prova. Eu descobri que Deus sempre quer fazer algo "em nós" antes de querer fazer algo "por meio de nós". Por isso, ele pode querer que você fique onde está até que aprenda a aceitar com humildade os planos e propósitos dele para você. Contudo, você também precisa saber que não precisa ficar num lugar frustrante quando Deus tem algo melhor em mente para você. Há muitas coisas que podem ser feitas para levar a sua personalidade à linha de frente do seu trabalho diário.

Converse com seu chefe. Talvez você possa perguntar a seu chefe se pode assumir outras responsabilidades que melhor combinem com sua personalidade e FORMA. Diga a ele o que deixa você mais realizado e mostre que essas atividades resultam num desempenho geral mais efetivo para a empresa. Quando eu trabalhava no mundo corporativo, assumi um risco desses e obtive resultado. Vá com espírito pacífico e simplesmente compartilhe com seu superior a área em que você sente que pode dar mais resultados para a empresa.

Encontre maior compatibilidade. Pense em procurar uma posição que permita a você expressar uma porcentagem mais alta de quem Deus quer que você seja. Eu sempre incentivo as pessoas a buscarem uma divisão 80/20, quer dizer, passar 80 por cento do tempo trabalhando em objetivos que satisfaçam plenamente e 20 por cento em objetivos que apenas precisam ser feitos.

Reduza os seus gastos. Talvez você esteja em seu emprego atual, simplesmente por causa do salário que lhe é pago. Que tal se você traçar uma estratégia para reduzir suas despesas para então começar a viver fielmente como a pessoa que deve ser, com a personalidade com a qual deve viver? Muitas pessoas tentam servir a dois senhores, e isso a Bíblia diz ser impossível. Sua vida será guiada pelo Mestre ou pelo dinheiro. Não caia nesta armadilha de Satanás. Encontrar uma forma de viver com mais simplicidade pode dar a você a liberdade de encontrar um emprego que melhor se ajuste à sua personalidade e FORMA. Seja sábio com seus recursos e, em troca, aumente sua efetividade para Deus.

Peça ajuda. Não entre numa transição sozinho. Pergunte a seus amigos e familiares, a pessoas que melhor conhecem você, como eles vêem a sua personalidade e FORMA se expressarem em sua carreira. Pergunte-lhes como vêem você usar sua personalidade para dar uma

5. MODO DE SER

contribuição significativa com sua vida. Peça a Deus que o ajude a encontrar as portas para a realização.

Seja voluntário. Procure oportunidades como voluntário em sua igreja ou comunidade que permitam colocar em ação a personalidade e a FORMA que você recebeu de Deus. Existem muitas igrejas e organizações comunitárias maravilhosas que precisam de pessoas para ajudar. Se você freqüenta uma igreja, não dê apenas o seu dinheiro, mas também o seu tempo e talentos. A Igreja Saddleback não seria o que é hoje, não fossem os milhares de voluntários que usam sua FORMA para servir a Deus.

Uma última reflexão: Ser efetivo para Deus por meio de sua FORMA não significa necessariamente que você está na carreira errada, caso ainda não veja Deus revelar seu propósito exclusivo para a vida. Se parece que está faltando algo, talvez você precise ser mais fiel na oportunidade que Deus lhe deu em vez de ficar à espera de condições perfeitas.

Em seu livro inovador, *Roaring Lambs* [Cordeiros que rugem], o falecido Bob Briner reflete sobre os tempos quando ele, um executivo esportivo de sucesso, se perguntava: "Por que estou aqui?" Como cristão, ele tinha sido levado a acreditar por toda a vida que uma pessoa precisava servir no ministério em tempo integral para fazer diferença. O que ele descobriu foi que todos os cristãos são chamados para o ministério integral, e esse ministério acontece através de uma carreira profissional.

Que vergonha que tantos de nós nos sintamos como numa neblina entre a fé e a carreira. Estou convencido de que muitos cristãos não fazem idéia da possibilidade de serem cordeiros que rugem, de serem seguidores de Deus que sabem como integrar plenamente seu compromisso com Cristo na vida diária. Talvez seja por isso que tantas áreas da vida moderna carecem do sal do Evangelho que preserva.[7]

Espero ter deixado claro que Deus não planejou que fôssemos rotulados como um "tipo" de personalidade. Concordo com os autores de *LifeKey*, ao afirmarem:

Embora existam certas semelhanças entre as pessoas do mesmo tipo, o tipo não explica *tudo* sobre você ou qualquer outra pessoa. O tipo, entretanto, de fato, presta uma excelente ajuda para que você compreenda a si mesmo, aprecie os outros, conheça a melhor área de trabalho/serviço para você e orienta algumas de suas escolhas na vida.[8]

A personalidade que Deus criou em você deve ser assumida porque é um reflexo de sua FORMA geral, ou de como ele o fez para usá-lo para sua glória. Deus não cria nada que não tenha um tremendo valor e um enorme potencial, tampouco usará alguém que não tenha um espírito disposto.

No transcorrer da vida, Deus deu a você experiências às quais sua personalidade reagiu de maneiras muito particulares. Como você acha que Deus quer usar os eventos de sua vida para ajudá-lo a cumprir a missão que ele separou para você? Veremos isso a seguir.

5. MODO DE SER

APLICANDO O QUE APRENDEU

Reflita no que você aprendeu. Cite algumas coisas que você aprendeu a respeito de Deus neste capítulo.

_____
_____
_____
_____
_____
_____
_____

Compreenda o que você recebeu. Resuma a seguir seu principal padrão de personalidade. Qual a associação que fez de você uma compleição exclusiva de Deus? Que tipo de oportunidade você irá assumir para a glória de Deus?

_____
_____
_____
_____
_____
_____
_____

Peça ajuda de outros. Quais pessoas podem ser duas fontes de sabedoria, apoio e encorajamento com quem você compartilhará suas descobertas, ajudando você a confirmar ou esclarecer o que descobriu a respeito de si mesmo?

_____
_____
_____
_____
_____
_____

Responda pela fé. Quais são os dois passos que você pode dar no próximo mês a fim de que sua personalidade brilhe para a glória de Deus?

1. _____
_____
_____
2. _____
_____
_____

Capítulo 6

ÁREAS DE EXPERIÊNCIA

Descobrindo por onde você andou

> A maravilhosa riqueza da experiência humana
> perderia um pouco de sua gratificante alegria
> se não houvesse limitações a serem superadas.
> O momento da chegada ao cume da montanha
> não seria tão maravilhoso se não houvesse vales
> escuros para atravessar.
> **Helen Keller**

> Sabemos que Deus age em todas as coisas para
> o bem daqueles que o amam, dos que foram
> chamados de acordo com o seu propósito.
> **Romanos 8.28**

> A vida só pode ser compreendida olhando-se para trás,
> mas deve ser vivida olhando-se para o futuro.
> **Sören Kierkegaard**

Há um propósito em seu passado.

Um acidente de automóvel em maio de 1996 tirou a vida de Lynnie, filha de quatro anos da cantora e compositora Jana Alayra. Foi uma perda excruciante.

"É o pior pesadelo de qualquer pai ou mãe" — diz Jana. "Derramei muitas e muitas lágrimas. Lembro-me de tonturas e de sentir que tropeçaria a qualquer momento. Eu lutava para me agarrar a alguma coisa que interrompesse minha queda, e encontrei a mão do meu Salvador. Lancei-me ao pé da cruz e disse: 'Senhor, é melhor que sejas o que dizes ser, ou não existe sentido nesta vida. Lynnie é tua — e eu também'."

A graça e o amor de Deus entraram em ação, de mais formas do que vocês possam imaginar. Às vezes o conforto vinha nas palavras de uma amiga. Às vezes estava num texto bíblico preso a uma flor deixada à minha porta. Às vezes estava numa página encharcada de lágrimas da minha Bíblia. Agarrei-me a Jesus. Ele é a Rocha. Ele é inabalável. Ele é a esperança. Ele é a vida eterna.

"Agora, quase uma década depois, parece que ouço toda semana, quase diariamente, sobre perdas trágicas do mesmo tipo que eu experimentei. Sempre tem alguém escrevendo ou telefonando para perguntar se tenho uma palavra para compartilhar — um CD, um cântico, qualquer coisa — com um amigo que acaba de perder um filho. Que alegria poder ser essa palavra da verdade para mães e pais aflitos de todos os tipos que se despediram de um filho de forma inesperada. Que honra ser uma condutora do amor de Deus — ser seus braços de amor para pais que estão sofrendo."

Jana Alayra é esposa, mãe de três filhas pequenas e uma amiga. Ela é também uma artista musical que dirige o louvor — tanto num pequeno grupo com seu violão, como para mil crianças e suas famílias. Em todas essas coisas, Jana expressa seu exclusivo Propósito no Reino. Seu entusiasmo e amor por Cristo são evidentes, sinceros e inspiradores. Pode-se ver isso em seu caráter.

6. ÁREAS DE EXPERIÊNCIA

Jana tomou uma importante decisão na vida. Ela poderia ter-se afastado de Deus amargurada pela perda. Em vez disso, porém, ela correu para os braços do Senhor e permitiu que uma crise a levasse para mais perto de Cristo. A fé e a experiência ensinaram-na que o verdadeiro consolo se encontra somente em Deus. Se ela permitiu — porque Deus sempre nos dá uma escolha — certamente ele a ajudou naquela dolorosa experiência de vida. Embora muitas pessoas estivessem a seu lado naquele momento de dor, Deus estava em seu íntimo, curando feridas e mostrando a ela como transformar sua dor em ganho para ele.

O corredor da vida

Enquanto Deus, aos poucos, borda ou pinta a obra-prima de nossas vidas, ele usa toda as nossas experiências — dolorosas e prazerosas — para dar um toque de mestre no produto final. Lembre-se de todas as experiências importantes de sua vida que o fizeram tornar-se quem você é hoje: alegrias e tristezas da infância, o sofrimento e a emoção da adolescência, as lutas e as realizações da idade adulta.

Imagine-se andando por um longo corredor. Nas paredes há quadros pendurados que refletem os momentos que dão forma à sua vida. Num lado estão retratos de experiências que lhe trouxeram entusiasmo, realização e satisfação. No outro, quadros de experiências que causaram dor, frustração e remorso. Andando vagarosamente por esse corredor, olhando cuidadosamente para cada imagem, é importante dar um passo para compreender por que Deus o criou e descobrir o Propósito no Reino que ele reservou especialmente para você.

Ao avaliar o retrato de algum acontecimento que Deus traz a sua memória, pare para pensar como isso, no final das contas, impactou você. Que lições aprendeu? Se não puder pensar em nenhuma lição, peça a Deus que as revele a você. Ele deseja usar *tudo* em sua vida. Para obter o máximo deste capítulo, busque um novo tempo com Deus. Seja totalmente sincero. Celebre suas vitórias e grite sua dor, tudo para Deus. Aprofunde-se mais e pense nos momentos mais importantes e nas experiências mais significativas que verdadeiramente definem a história de sua vida.

Retratos positivos

Arthur F. Miller Jr. é um dos principais especialistas do mundo em autodesenvolvimento. Muitas empresas usam o seu programa SIMA®[a] de treinamento de talentos com grande sucesso. Sua obra mudou o panorama do local de trabalho moderno para todos, de líderes corporativos a bibliotecários, de carteiros a biomédicos, de jardineiros a governadores.

Miller ajuda indivíduos a encontrar a vocação que lhes dá a máxima satisfação e alegria, inspirando-os a continuar desenvolvendo sua vida ao longo de trilhas de realização e significado. Quero aproveitar um pouco desse conhecimento para ajudar você a descobrir as suas próprias áreas de excelência.

No livro *The Truth about You* [A verdade sobre você], Miller diz:

> Para descobrir o padrão de uma pessoa, analise somente as ações que, para ela, sejam realizações que resultaram em satisfação pessoal... [Essas] realizações... sempre têm dois elementos básicos: são realizações que resultaram num sentimento de satisfação, independentemente do que outras pessoas pensavam [e] são realizações que, para quem as conseguiu, foram bem feitas, independentemente do grau de significado delas aos olhos de outras pessoas.[1]

Gosto do fato de Miller não ver o sucesso como o mundo vê. Muitas das realizações que acredito serem significativas e importantes para Deus seriam julgadas insignificantes pelos padrões do mundo. Ao avaliar sua vida, permita-se reivindicar realizações que lhe trouxeram grandes níveis de satisfação, independentemente do que outros possam pensar delas. O prazer e o orgulho de Deus com relação a você não se baseiam no que é celebrado pelo mundo.

---

[a]System for Identifying Motivate Abilities (Sistema para identificar habilidades motivadas) [N. do R.].

6. ÁREAS DE EXPERIÊNCIA

Agora, faça um exercício mental, pensando em suas realizações/experiências passadas nestas cinco áreas:

1. *Pessoal:* você pode ter recebido um prêmio especialmente significativo para você.
2. *Vocacional:* talvez você tenha um padrão de realização quando se trata de produtividade, vendas ou liderança.
3. *Relacional:* você pode ter um bom casamento cristão ou ter prazer numa amizade que o conforta em tempos difíceis ou que o desafia a buscar excelência em tudo que faz.
4. *Educacional:* talvez você tenha educação superior ou certificados de cursos; talvez esteja buscando um desenvolvimento contínuo em áreas de especial interesse.
5. *Espiritual:* você pode ser bem-sucedido em compartilhar sua fé ou em levar cristãos a uma compreensão mais profunda a respeito da fé. Ou talvez sua própria aceitação de Cristo e crescimento espiritual dão a você uma sensação de ter atingido algo imensurável.

A seguir, usando frases curtas, identifique pelo menos três realizações significativas em cada área.

Realizações pessoais:

1. _____
2. _____
3. _____

Realizações vocacionais:

1. _____
2. _____
3. _____

Realizações relacionais:

1. _____
2. _____
3. _____

Realizações educacionais:

1. _____
2. _____
3. _____

Realizações espirituais:

1. _____
2. _____
3. _____

Por fim, releia esta lista de quinze experiências positivas e selecione as três melhores. Feito isto, use as molduras vazias nas três páginas seguintes para descrever as características que destaquem o significado de cada evento. Inclua todos os fatos do evento que você recorda e os sentimentos que você experimentou durante esse grande momento de sua vida. Dê a cada retrato um título (no espaço na parte de baixo da moldura). Por exemplo, se você passasse pelo corredor da minha vida, veria retratos positivos intitulados: *Pai, eu quero voltar para casa,* que foi o que eu disse quando entreguei minha vida a Jesus; *Meu anjo,* um apelido para minha esposa, que me levou à fé durante nossa época de namoro; e *Igreja Saddleback,* onde recebi o chamado de Deus para servi-lo como pastor em tempo integral.

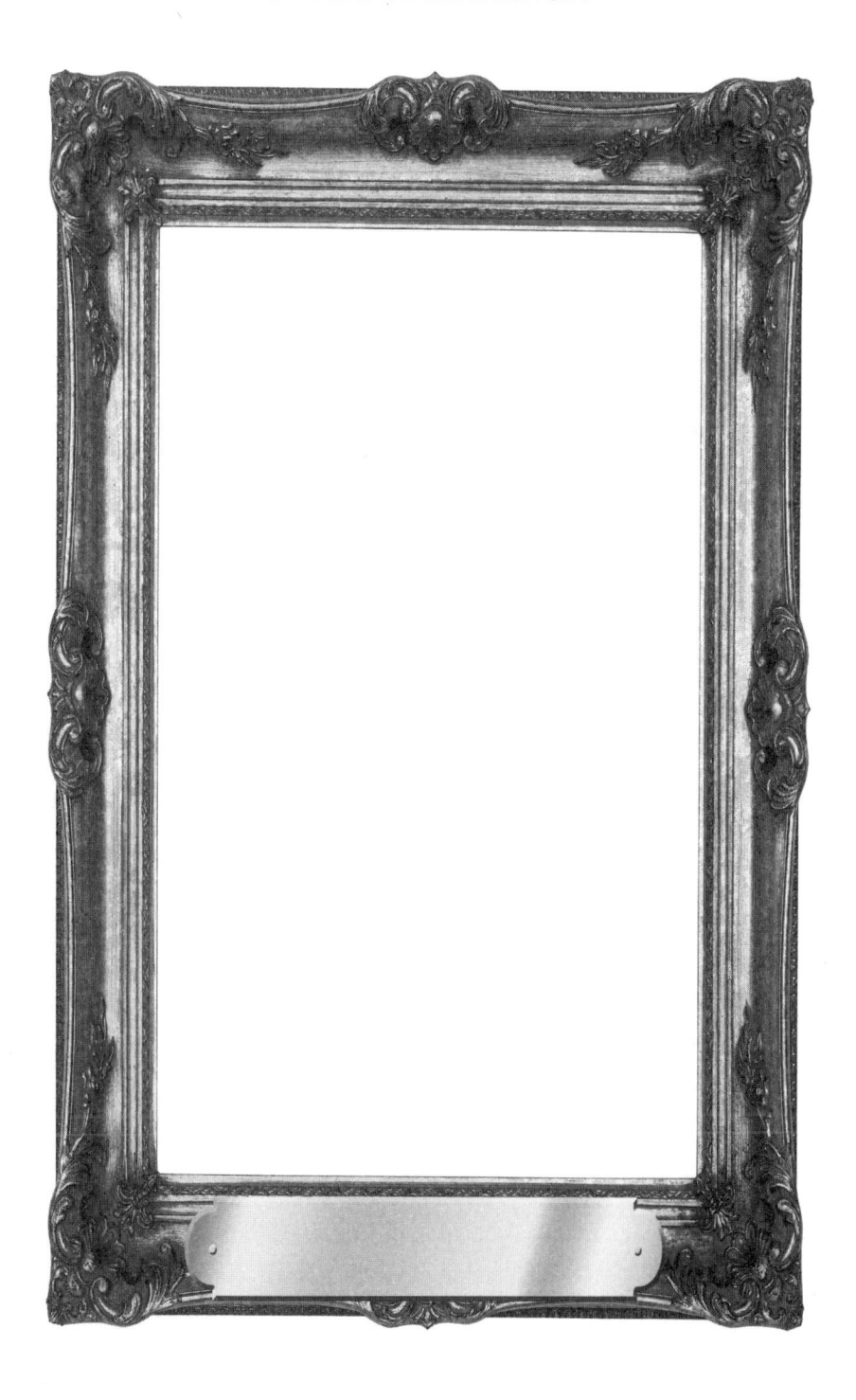

6. ÁREAS DE EXPERIÊNCIA

FORMADO COM UM PROPÓSITO

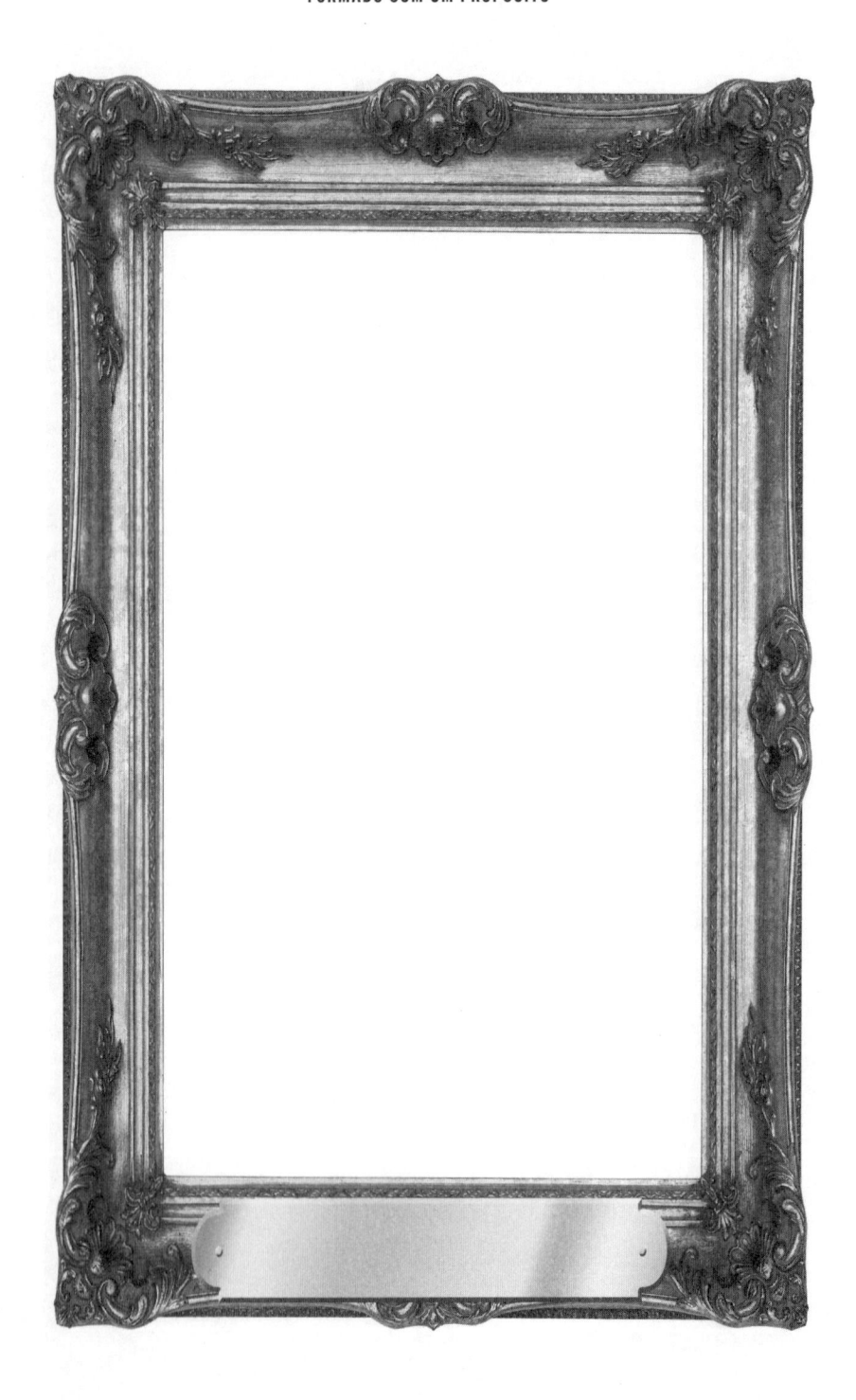

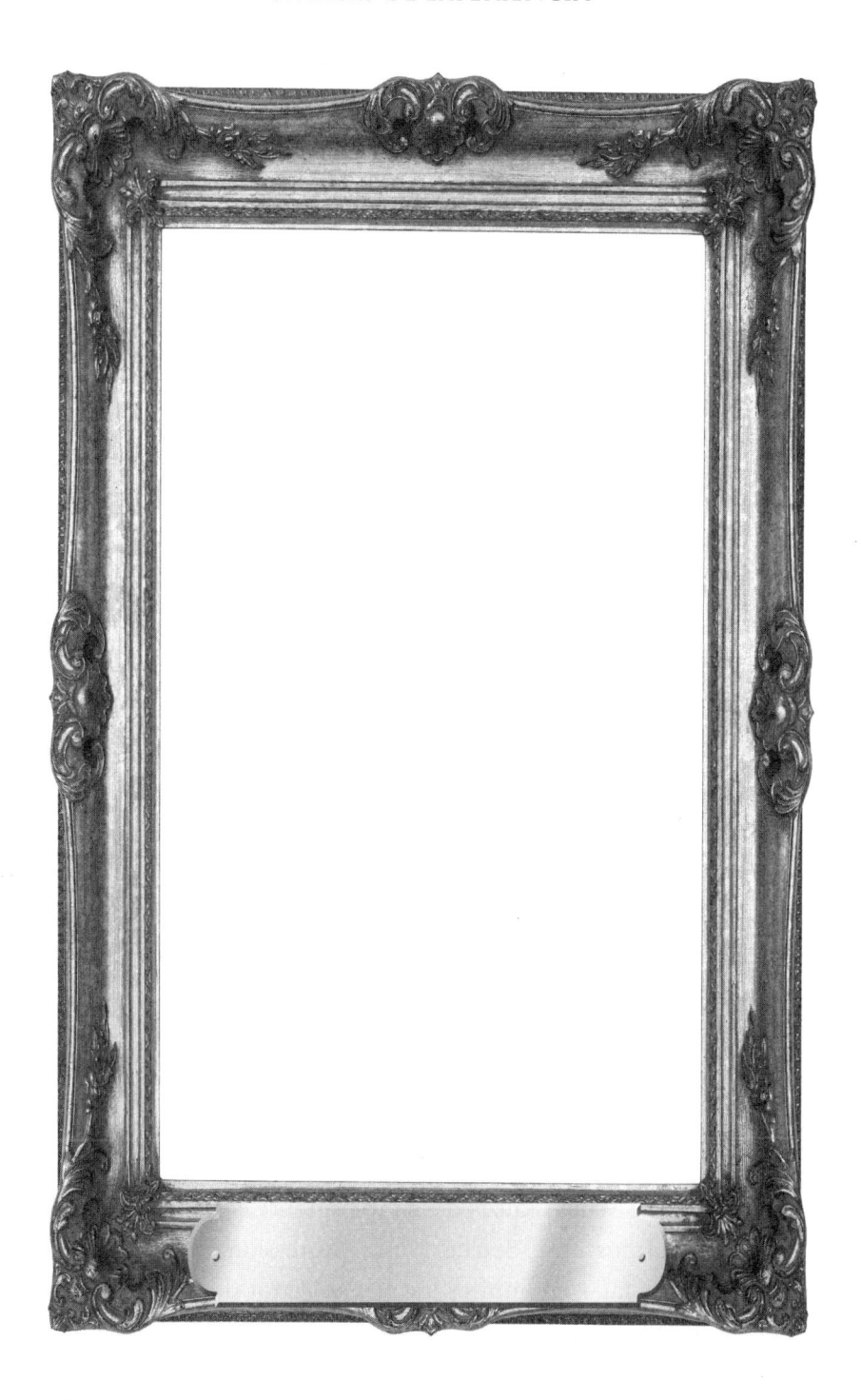

6. ÁREAS DE EXPERIÊNCIA

Colocando suas realizações a serviço de Deus

Brad e Shelley já celebraram muitos anos de casamento, uma conquista virtuosa pela qual dão glórias a Deus. Agradecidos pela proteção graciosa de Deus ao seu casamento, eles usam sua experiência para servirem de mentores a jovens casais. As lições que esses casais aprendem com Brad e Shelley os capacitam a permanecer cheios do Espírito e firmes quando enfrentam as adversidades da vida.

Após vinte anos em posições de liderança, Jeff supervisiona agora em sua empresa uma grande área dos Estados Unidos. Essa conquista deu-lhe apoio não somente para motivar o seu pessoal para a empresa crescer, mas também para ser um exemplo de Cristo num mundo perdido. Uma das maneiras pelas quais Jeff serve de exemplo de Cristo é não fazendo concessões a seu caráter quando depara com tentações comuns ao homem de negócios em viagem. Em vez de desonrar Deus com o uso indigno do seu tempo, ele o usa para orar por sua equipe. Ele pede a Deus que abra portas para que possa compartilhar sua fé com a equipe, oração, aliás, a que Deus sempre responde.

Quando Tommy e Amy se apaixonaram, fizeram um compromisso de honrar a Deus e um ao outro evitando a intimidade física até se casarem. Apesar da dificuldade, Deus lhes deu forças para manter o compromisso — uma vitória muito raramente conquistada hoje em nossa sociedade. Agora que são marido e mulher, eles usam sua experiência para ajudar outros casais jovens a permanecerem puros aos olhos do Senhor antes do casamento.

Minha amiga Katie, uma autora de sucesso, estudou bastante e tem dois mestrados e um doutorado. Muitas pessoas ficariam orgulhosas com tal *status* e instrução, mas ela é uma das pessoas mais humildes que conheço. Ela vê suas realizações simplesmente como meios de abrir portas para que Deus a use. Seu currículo impressionante resulta em vários convites para falar em muitos lugares ao redor do mundo. Ela só é muito feliz porque pode usar essas oportunidades para compartilhar as boas-novas do amor de Deus com seus ouvintes.

6. ÁREAS DE EXPERIÊNCIA

Stacey, minha esposa, é um ótimo exemplo de alguém que dispõe a serviço de Deus as coisas boas do seu passado. Stacey cresceu num lar bem estruturado. A minha infância foi complicada, mas ela soube o que é receber amor, apoio, cuidado, encorajamento e perdão de pais centrados em Cristo. Com esse fundamento, Stacey consegue transmitir aos nossos filhos o que sua mãe e seu pai lhe deram. Suas ações abençoam nossos filhos e até completam muito do que falta da minha parte. Por causa de minha preciosa esposa, aprendi o que significa amar, ouvir e rir como casal e família.

As possibilidades de as conquistas e as experiências da sua vida se tornarem passos de ação de Deus são quase ilimitadas. Para ajudar você a descobrir as suas, releia seus retratos positivos e identifique algumas formas de expandi-los para abençoar outros e glorificar a Deus.

Depois de cada retrato, liste um jeito de usar esse evento do seu passado para ajudar alguém.

Retratos dolorosos

Ainda que às vezes desejemos ignorar ou negar, o corredor de nossa vida tem também o seu lado difícil. Se você quer de fato descobrir sua singularidade e ser usado por Deus no processo, precisa querer dar uma boa olhada nos retratos de suas experiências dolorosas.

Não estou falando sobre quando você quebrou a cabeça de uma boneca ou a roda de um carrinho ou quando o seu namorado ou namorada lhe deu o fora. Estou falando de quando o seu limite de sofrimento foi testado e de quando sua resistência foi forçada a ponto de romper-se. Divórcio, abuso, morte, alcoolismo, câncer, depressão, perda de emprego, falência, distúrbios alimentares, aborto provocado, aborto natural, suicídio, casos extraconjugais — as possibilidades de causas de sofrimento são numerosas.

À medida que você anda pelo corredor da vida e concentra a atenção no lado doloroso do seu passado, use as mesmas cinco áreas para identificar pontos específicos de sofrimento.

Pontos pessoais de sofrimento:

1. _____
2. _____
3. _____

Pontos vocacionais de sofrimento:

1. _____
2. _____
3. _____

Pontos relacionais de sofrimento:

1. _____
2. _____
3. _____

Pontos educacionais de sofrimento:

1. _____
2. _____
3. _____

Pontos espirituais de sofrimento:

1. _____
2. _____
3. _____

6. ÁREAS DE EXPERIÊNCIA

Como antes, releia essas quinze experiências difíceis e selecione as três mais dolorosas. Feito isso, use as molduras vazias das páginas 117 a 119 para pintar essas palavras (fatos e sentimentos), detalhando os eventos significativos. Dê um nome para cada retrato.

Fazendo da crise um catalisador

À medida que penso nos retratos doídos pendurados no corredor da minha vida, minha memória enche-se das experiências que me formaram.

Meus pais divorciaram-se quando eu tinha oito anos; meu irmão mais velho e eu tivemos de viver com nosso pai porque o salário da minha mãe numa mercearia não dava para nos sustentar. Papai bebia demais todas as noites, e ele decidiu dividir seu sofrimento interior com os filhos. Na maior parte das vezes, papai concentrava-se em mim, o aluno *menos-que-perfeito.*

De explosões verbais que abalariam a auto-estima de qualquer pessoa a surras que deixavam vergões e hematomas, o sofrimento vinha de muitas formas. Embora as marcas do sofrimento físico sarassem, as feridas verbais em minha alma eram bem mais profundas. A intimidação emocional e opressão finalmente terminaram quando, aos dezesseis anos, disse a meu pai que estava me mudando. Por muitos anos, meu pai me disse que, se eu me mudasse, ele faria minhas malas. Essa foi uma promessa que ele cumpriu, enchendo cinco sacos de lixo com minhas roupas e outros itens pessoais.

Um amigo, certa vez, me perguntou:

— Você preferiria nunca ter experimentado aquele sofrimento?

De certa forma, apesar de meu pai e eu termos nos reconciliado e agora termos um bom relacionamento, eu, de fato, gostaria de poder apagar aquela parte da minha vida. Entretanto, vejo que isso me fez a pessoa que sou hoje, emocionalmente mais forte e mais capaz de ter empatia pelos que sofrem.

Em *Moldado por Deus*, o autor Max Lucado usa uma linda metáfora para descrever como Deus usa experiências difíceis para nos formar:

Derreter o velho e fundi-lo novamente é um processo de ruptura. [Mas] com o tempo, a mudança ocorre: o que estava cego fica afiado, o que estava torto fica reto, o que era fraco fica forte e o que era inútil torna-se valioso.

Então o ferreiro pára de martelar e descansa a sua marreta. Silenciosamente ele examina a ferramenta fumegante. O instrumento incandescente é virado e examinado à procura de algum defeito ou trinca.

Não há nenhuma.

O lingote mole tornou-se uma ferramenta tenaz e útil.[2]

Lucado diz:

Deus vê a nossa vida do começo ao fim. Ele pode levar-nos a atravessar uma tempestade aos trinta anos para podermos suportar um furacão aos sessenta. Um instrumento só é útil se tiver a forma correta. Um machado cego ou uma chave de fenda torta precisa de atenção da mesma forma que nós precisamos. Um bom ferreiro mantém suas ferramentas em forma. E Deus também.[3]

Apesar de eu não ter tido os modelos mais saudáveis nem a tão necessária atenção e afirmação enquanto crescia, sou grato a Deus por me dar hoje oportunidades de trabalhar com homens e mulheres marcados por sofrimentos semelhantes. Quem melhor para ajudá-los do que alguém que já tenha passado por isso antes e sobreviveu? Por causa de minha infância sofrida, meu coração é sensível a essas pessoas. Deus me agraciou com o dom do encorajamento e eu o uso diariamente para ajudar outros. Não acho que seria tão grato e submisso hoje se minhas necessidades emocionais tivessem sido atendidas quando criança.

Carrie ajuda adolescentes grávidas a honrarem a Deus. Quando jovem, Carrie não escolheu um caminho que honrasse a Deus e sofreu as conseqüências dessa decisão durante muitos anos. A presença de Deus em sua vida hoje a impulsiona a querer evitar essa angústia de uma escolha errada na vida de outras pessoas. Carrie conhece o poder de Deus

6. ÁREAS DE EXPERIÊNCIA

para transformar uma vida, e por causa disso ela pode exercer influência saudável sobre essas meninas. Ela é um exemplo de alguém que vive as palavras de Jonathan Swift: "O homem nunca deve se envergonhar do que foi na iniqüidade. Em outras palavras, ele é mais sábio hoje do que foi ontem".

Paul é outro, cuja vida se encheu de tremendo sofrimento e confusão quando a esposa o deixou por três meses. Ele descobriu que tudo que podia fazer era agarrar-se a Deus. Uma vez que sua igreja não tinha um grupo de apoio para ajudá-lo naquele tempo de necessidade, ele começou um para que outros homens não se sentissem sozinhos em seu sofrimento. Agora, como resultado da dor que passou, Paul tem um ministério significativo para homens que se separaram da esposa.

6. ÁREAS DE EXPERIÊNCIA

Minha amiga Sandra perdeu a filha de vinte e quatro anos num trágico acidente de carro. Hoje ela usa a dor causada pela morte da filha para mentorear moças em decisões que reflitam a vontade de Deus. Recentemente ela levou as lições de sua aflição numa viagem missionária à África, onde ajudou pastores a compreender como ajudar pessoas que sofrem uma perda a encontrar esperança em Jesus. Em memória de sua filha, ela está até escrevendo livros para crianças, guiando-as a escolhas de caráter cristão.

E você? Olhe para trás, para os retratos dolorosos de sua vida e pense no bem que pode advir de seu sofrimento. Depois, para cada retrato que você criou, escreva como você poderia usar esse evento para ajudar outra pessoa.

Você vai decidir usar suas experiências dolorosas na vida de uma nova maneira? Max Lucado apresenta outro assunto de vital importância ao dizer: "Ser testado por Deus faz-nos lembrar que a nossa função e tarefa é tratarmos dos assuntos dele e que o nosso propósito é sermos uma extensão de sua natureza, embaixadores da sua sala do trono e proclamadores da sua mensagem". Que a sua vida proclame a mensagem de Deus, seja ela marcada pela facilidade seja pela adversidade.

Antes que nossas experiências positivas ou dolorosas possam ser plenamente usadas por Deus para benefício de outros, precisamos livrar-nos de suas garras sobre a nossa vida. Enquanto não entregarmos plenamente o controle de nossa vida a Deus, permaneceremos parados, inertes e bloqueados, não indo a parte alguma. No próximo capítulo, veremos a importância de entregar tudo a Deus.

profundo que a tristeza, e a aceitarmos como nossa participação na vida de Jesus, começaremos a aprender que essa é a nossa verdadeira nobreza, e que prová-la, sendo servo de todos, é a maior realização do nosso destino, como homens criados à imagem de Deus.[2]

John Ortberg destaca nossa tendência natural em querermos toda a atenção voltada para nós, mesmo quando se trata de servir e mostrar humildade enquanto servimos: "Gostaríamos de ser humildes, mas... e se ninguém notar?" Existe um paradoxo. Todos nós temos oportunidades de servir todos os dias, mas, como disse Thomas Edison: "A oportunidade é perdida pela maioria das pessoas porque ela está vestida de jaleco e parece com trabalho".

Use seus recursos para contribuir como servo

O bom samaritano não ficou só nas palavras de conforto e nos curativos do homem ferido. A Palavra de Deus diz que ele levou o homem para uma estalagem, ficou com ele a noite toda, depois pagou ao hospedeiro o equivalente ao salário de dois dias, e com a promessa de pagar ainda mais pelas despesas do estranho que excedesse aquela quantia.

Assim como o bom samaritano, o servo usa todos os recursos disponíveis para mostrar o amor de Deus de maneira prática. Os servos vêem o dinheiro como ferramenta para abençoar outros. Abraham Lincoln escreveu certa vez: "Aliviar a dor no coração de outra pessoa é esquecer a própria dor".

Deus é aquele que dá. É a natureza dele. Deus deu seu único filho, Jesus, para que, por meio da fé nele, possamos experimentar o perdão do nosso pecado e tenhamos vida eterna com ele. Esse ato único, sagrado, deveria ser toda a prova de que precisamos.

Ele também deu a vida a você. A Bíblia diz que somos feitos à imagem de Deus, por isso, se Deus é aquele que dá, isso significa que fomos criados *por* ele para agirmos *como* ele. A Escritura contém mais de duas mil referências a "dar", mais do que todas as referências a "fé", "esperança" e "amor", deixando claro que a Bíblia enfatiza "dar" e "generosidade" mais do que qualquer outro princípio.

A vida consiste em dar, não em obter. A verdade é, não encontraremos a nossa vida até que a deixemos. "Dêem, e lhes será dado: uma boa medida, calcada, sacudida e transbordante será dada a vocês. Pois a medida que usarem também será usada para medir vocês" (Lc 6.38). Deus quer nos abençoar quando, por ele, desistimos de nossa vida para servir outros. Parte dessa doação é usar a sua FORMA para servir e abençoar outros, que é como Deus quer que você cumpra o seu Propósito no Reino.

A importância começa com serviço

Todos os anos na festa de Natal da nossa diretoria, entregamos o que gostamos de chamar de "Prêmio Servo Importante". Esse reconhecimento especial é para a pessoa que vai além da obrigatoriedade para servir os outros, ainda que sempre com pouca visibilidade e nunca recebendo crédito por seu trabalho. Ano após ano, um integrante da equipe é reconhecido. Bob é um modelo incrível de atitude de servo. Se você lhe pedir para fazer algo, sua resposta é sempre: "Pode apostar. Vamos conseguir".

O amor de Bob por Deus e seu desejo de servir faz-me lembrar das instruções de Paulo à igreja de Éfeso:

> Obedeçam-lhes, não apenas para agradá-los quando eles os observam, mas como escravos de Cristo, fazendo de coração a vontade de Deus. Sirvam aos seus senhores de boa vontade, como servindo ao Senhor, e não aos homens, porque vocês sabem que o Senhor recompensará cada um pelo bem que praticar, seja escravo, seja livre (Ef 6.6-8).

Um dia, Bob será ricamente recompensado por seu trabalho de amor por Deus. Bob prontamente pensa em servir os outros antes dele mesmo. Os ouvidos estão sempre abertos a pedidos, enquanto os olhos procuram constantemente oportunidades de servir na igreja. O coração de Bob está cheio do amor e da graça de Deus e deixa-se transparecer sempre que ele serve. Bob é dedicado, atencioso, amoroso, compassivo,

8. ALTRUÍSMO

humilde e generoso, tudo ao mesmo tempo. Ele demonstra o espírito de um bom samaritano: cabeça, coração, mãos e pés, tudo em movimento, servindo a Deus.

Deus nos projetou para servirmos uns aos outros e você não pode cumprir esse propósito a menos que esteja ao lado de outros! Não importa como você pensou até aqui, não pode ser um cristão do tipo "cavaleiro solitário". No próximo capítulo, falaremos a respeito de como construir um sistema de apoio, uma comunidade que se importa, a seu redor. Com a equipe certa a seu lado, você ficará maravilhado com o que Deus pode fazer por seu intermédio.

APLICANDO O QUE APRENDEU

Reflita no que você aprendeu. O que você aprendeu a respeito de Deus neste capítulo?

_____
_____
_____
_____
_____
_____

Compreenda o que você recebeu. Como você pode usar as mãos para servir alguém nesta semana?

_____
_____
_____
_____
_____
_____

8. ALTRUÍSMO

Peça ajuda de outros. Pense em três pessoas, que, para você, sejam modelo de serviço. Pergunte-lhes como mantêm o coração nessa posição. Anote qualquer nova idéia que você receber.

_____

_____

_____

_____

_____

_____

_____

Responda pela fé. Que dois passos de fé você pode dar para imitar a vida do bom samaritano?

1. _____

_____

2. _____

_____

Capítulo 9

MELHOR JUNTOS

Pedindo ajuda

Por isso, exortem-se e edifiquem-se uns aos outros.
1Tessalonicenses 5.11a

Somos melhores juntos.
Rick Warren

9. MELHOR JUNTOS

Você precisa de uma equipe.

Querendo conhecer outras possibilidades para sua vida, Jeff decidiu vender ao sócio sua parte nos negócios. Mas, durante seis meses, ele não encontrou nada além de portas fechadas. O que tinha dado errado? Ele havia tomado a decisão errada? Ele tinha absoluta certeza de que Deus o estava dirigindo para fazer algo que causasse um impacto maior para o Reino. Mas a cada dia, ele ficava mais e mais deprimido com a situação.

Até que um dia, Jeff chegou ao fundo do poço. Ele nem sequer conseguia sair da cama. Ele não percebeu que o inimigo estava tentando sabotar sua efetividade espiritual. Deus, entretanto, sabia exatamente do que Jeff precisava e levou quatro homens para conversarem com ele, amigos que o amavam profundamente e que se comprometeram a ajudá-lo a persistir e crescer durante aquele período de provação da fé. Aquele grupo de irmãos passou tempo ouvindo, encorajando e o desafiando a voltar-se para Deus e a começar a agir com sua vida novamente.

Se aqueles quatro companheiros não tivessem se reunido ao redor de Jeff naquela hora sombria, hoje ele poderia não estar onde está com Deus, plenamente rendido e servindo outros através de várias oportunidades que potencializam a sua FORMA.

A história de Jeff faz-nos recordar uma verdade muito importante: você não foi feito para viver sozinho. Você precisa de pessoas que o ajudem a encontrar e cumprir o seu Propósito no Reino.

A quem você pode pedir ajuda a qualquer momento? Existe um amigo, cônjuge, pastor? Talvez um conselheiro, um instrutor, um de seus vizinhos ou um membro do pequeno grupo? Talvez você tenha um mentor para compartilhar os detalhes de sua vida. O essencial é que você precisa de pessoas na vida que possam lhe dar apoio. Todos nós precisamos. Como escreveu o poeta John Donne: "Nenhum homem é uma ilha". Deus nos construiu e nos projetou sob medida, para vivermos melhor numa comunidade cheia do Espírito.

Observe que eu não disse "comunidade superficial". Quase sempre tendemos a nos acomodar a relacionamentos superficiais por ser mais fácil. Não precisamos investir muito tempo neles. Mas, até que experimentemos verdadeira comunhão com outros, não veremos os benefícios oferecidos por essas ligações mais profundas.

Os relacionamentos mais profundos são importantes porque são dirigidos pelo Espírito, são atenciosos, autênticos, desafiadores, transparentes e de apoio. Quando estamos envolvidos em relacionamentos superficiais, a nossa tendência é subestimar as emoções negativas que estamos sentindo. Quando nos perguntam como estamos, dizemos "muito bem" para evitar parecermos fracos ou necessitados. A nossa sociedade reverencia a independência, normalmente para o seu próprio prejuízo.

"Muito bem". Meu amigo Frank disse-me certa vez que BEM na verdade representa às vezes "Bastante Emocionalmente Machucado". Perdi a conta das vezes que respondi "Estou bem", quando na realidade estava tudo, *menos* bem. Simplesmente não quero dar trabalho para ninguém com meus problemas. Ao fazer isso, roubo de mim e dos meus amigos, as bênçãos que somente podem ser experimentadas quando permitimos que outras pessoas nos apóiem. Não estou sugerindo que você descarregue sua bagagem emocional no balconista da mercearia ou no manobrista do estacionamento. Estou falando de ser honesto com as pessoas que são importantes na sua vida, as pessoas que você ama e que, por sua vez, amam você.

Nos primeiros anos de casados, minha esposa perguntava: "Como foi o seu dia?" quando eu voltava do trabalho. Eu respondia sempre com o conhecido, porém sem emoção: "Bom". Por meio do seu paciente encorajamento, eu finalmente aprendi que deixar que ela e outros entrassem em minha vida é extremamente recompensador. Quando escolhemos ter relacionamentos significativos, "estou bem" vira "eu poderia estar melhor", "estou sofrendo", ou até "estou ótimo!"

Construir relacionamentos significativos não é opcional. Faz parte da lei de Cristo. A Bíblia diz: "Partilhem as dificuldades e problemas uns dos outros, obedecendo dessa forma à ordem (lei) do nosso Senhor" (Gl 6.2, BV). Você e eu devemos pedir ajuda dos outros para nos tor-

9. MELHOR JUNTOS

narmos plenamente aquilo que Deus planejou que fôssemos e termos a oportunidade de fazer o trabalho singular que ele tem para nós.

Tudo começa com o amor

O fundamento da vida cristã *deve* ser o amor. Se o *amor* não estiver no centro dos nossos relacionamentos, eles nunca estarão abertos para descobrir o valor e o significado que Deus tem reservado para nós.

Quando vários mestres da lei desafiaram Jesus para que resumisse todos os mandamentos da Bíblia, ele respondeu que o primeiro e o maior mandamento é "'Ame o Senhor, o seu Deus, de todo o seu coração, de toda a sua alma, de todo o seu entendimento e de todas as suas forças'. O segundo é este: 'Ame o seu próximo como a si mesmo'. Não existe mandamento maior do que estes" (Mc 12.30,31).

Quanto mais nos apaixonamos por Deus e pela pessoa que ele nos fez ser, o nosso amor por ele inevitavelmente respingará sobre outras pessoas. Quem teve a experiência do amor transformador de Deus retribui fazendo chover sobre outros o amor motivado por Deus. A Bíblia diz: "Amados, visto que Deus assim nos amou, nós também devemos amar uns aos outros. Ninguém jamais viu a Deus; se amarmos uns aos outros, Deus permanece em nós, e o seu amor está aperfeiçoado em nós" (1Jo 4.11,12). Assim como edificar relacionamentos significativos, amar os outros e permitir que eles nos amem não é opcional para os que alegam ser seguidores de Jesus Cristo.

Levou anos para que eu compreendesse o conceito de amor. O que a maioria de nós entende por amor tradicional normalmente passa a fazer parte de nossa vida quando crianças. Pais cristãos têm a responsabilidade de modelar o amor de Cristo em seus filhos como fundamento forte e seguro sobre o qual serão edificados à medida que crescem. Os que, como eu, experimentaram o abandono emocional ou físico de seus pais, entretanto, precisam dar-se conta de que podemos não ter tal fundamento sobre o qual edificar. Talvez a sua idéia de amor tenha sido formada por relacionamentos rompidos, livros de auto-ajuda, conselheiros ou pelos meios de comunicação. É imperativo que o seu conceito de amor reflita Cristo. Caso contrário, você deve criar um *novo* modelo de amor que se origina nele.

Eu tive de encontrar esse modelo de amor de Cristo antes de amadurecer de fato na vida. Hoje, sou capaz de aceitar e apreciar o amor dos outros. Sou grato à minha esposa que é a pessoa mais perdoadora, paciente, amorosa e carinhosa que já conheci. Sou também grato às pessoas que continuamente me transmitem graça enquanto cresço na minha capacidade de amar e de ser amado.

Quero encorajar você a certificar-se de que o seu modelo de amor é um reflexo da graça de Deus, para que você possa verdadeiramente mergulhar nas abundantes recompensas dos relacionamentos centrados no amor. A Bíblia diz: "assim, permanecem agora os três: a fé, a esperança e o amor. O maior deles, porém, é o amor" (1Co 13.13).

Recompensas do amor

Os relacionamentos motivados pelo amor trazem incontáveis recompensas à vida. Um capítulo inteiro no Novo Testamento, o "capítulo do amor" de 1Coríntios 13, é dedicado ao assunto. Citei essa passagem em muitos casamentos e ouvi a leitura dele no meu próprio, mas as recompensas do relacionamento amoroso mencionado naquele capítulo vão muito além da união conjugal. O escritor, o apóstolo Paulo, dirige-se a todos, da igreja em Corinto aos leitores de hoje, quando fala a respeito do amor nos vários níveis da nossa vida.

Veja o que Paulo diz sobre as características e recompensas do amor: "O amor é paciente, o amor é bondoso. Não inveja, não se vangloria, não se orgulha. Não maltrata, não procura seus interesses, não se ira facilmente, não guarda rancor. O amor não se alegra com a injustiça, mas se alegra com a verdade. Tudo sofre, tudo crê, tudo espera, tudo suporta" (v. 4-7).

Analise se você seria ou não beneficiado em ter um grupo de pessoas em sua vida que...

- fosse paciente com você;

9. MELHOR JUNTOS

- tratasse você com bondade;
- com quem você não precisasse competir;
- não fosse orgulhoso;
- tivesse mais orgulho de você do que deles próprios;
- não fosse rude com você;
- não se irritasse facilmente com suas ações;
- não usasse o seu passado contra você;
- ajudasse você a viver pela verdade da Palavra de Deus.

Que lista maravilhosa de recompensas por simplesmente permitir que as pessoas entrem em nossa vida! Sou muito grato por Deus ter-me dado cada coisa dessa lista através dos meus relacionamentos com outros cristãos. Não mereço nada disso. Agradeço a Deus por todas as pessoas. Elas estão em minha vida pela inexprimível graça de Deus.

Sua vida tem sido abençoada desse jeito por pessoas específicas?

A Palavra de Deus diz: "Aceitem-se uns aos outros, da mesma forma que Cristo os aceitou, a fim de que vocês glorifiquem a Deus" (Rm 15.7). A bênção vem com a completa aceitação, afirmação e apreciação que recebemos daqueles com quem nos relacionamos. O autor do livro de Hebreus insiste para que os cristãos "encorajem-se uns aos outros todos os dias, durante o tempo que se chama 'hoje', de modo que nenhum de vocês seja endurecido pelo engano do pecado" (Hb 3.13).

Os irmãos na fé que Deus colocou ao meu redor encorajam-me e confrontam em amor quando me desvio do curso da minha caminhada espiritual. Não tenho palavras para dizer como isso é importante. É como se eu tivesse uma torcida pessoal constantemente me alimentando com "vitaminas verbais", palavras de encorajamento e desafio que preciso enquanto me esforço para viver com e para Deus.

Planejamos viver a vida juntos. Não temos intenção de parar de nos reunir; a nossa meta é permanecer presentes um na vida do outro. A Palavra de Deus diz: "E consideremos uns aos outros para nos incentivarmos ao amor e às boas obras. Não deixemos de reunir-nos como igreja, segundo o costume de alguns, mas procuremos encorajar-nos uns aos outros, ainda mais quando vocês vêem que se aproxima o Dia" (Hb 10.24,25).

Ouvidos para ouvir

Deus nos deu ouvidos porque ele sabia que iríamos precisar deles para a vida. Quando ouvimos sirenes atrás de nós, sabemos que é hora de dar passagem ou desviar o carro para o acostamento. Quando soa a campainha da porta, sabemos que há alguém ali. Hoje, a maioria de nós consegue distinguir o som do seu telefone celular numa sala lotada. O cérebro pode processar os milhares, ou até milhões de sons que os ouvidos percebem.

Aprendi a ouvir e a ajustar minha vida por um som em particular, o som do conselho espiritual. Se você e eu vamos nos tornar as obras-primas que Deus planejou fazer, precisamos ter ouvidos para ouvir a sabedoria que Deus nos ensina através das pessoas ao nosso redor. A Bíblia diz: "Acima de tudo e antes de tudo, faça isso: Obtenha Sabedoria! Escreva isso no topo da sua lista: Obtenha Entendimento!" (Pv 4.7, *Msg*, tradução livre).

Uma forma de obter esta sabedoria é através da Palavra de Deus. Outro meio importante é o conselho bíblico de outras pessoas.

Durante anos, achei que Deus me usaria para falar a milhares de pessoas em estádios e assim ajudasse a mobilizar multidões para ele. E achava que eu tinha a exata combinação de dons espirituais necessários para realizar essa visão. Compartilhei esse sonho com meu mentor quando, certa manhã, nos encontramos para um café.

Enquanto eu apresentava todos aqueles planos, meu amigo me interrompeu:

— Erik — ele disse — eu creio que Deus o ama e tem um grande plano para sua vida, mas isso não faz parte dele neste exato momento.

9. MELHOR JUNTOS

Mal pude acreditar no que estava ouvindo. Como podia aquele homem sábio duvidar dos planos de Deus? E ele continuou:

— Você pode indicar uma única vez nos últimos cinco anos em que Deus tenha aberto portas que confirmariam este sonho?

Fiquei sem ter o que responder. Ele tinha razão! Eu não podia apontar um único acontecimento assim. Meu amigo disse então:

— Erik, será que este sonho é para suprir alguma de suas inseguranças emocionais causadas pelo abandono do seu pai terreno?

Ele poderia ter dito: "Xeque-mate". Dei-me conta de que ele estava absolutamente certo. Você provavelmente teria ouvido o chiado de ar esvaziando minha bexiga. Deus usou aquele homem sábio e fiel para me dar um conselho que, naquele momento, foi difícil ouvir.

Quando me recordo daquilo agora, posso sinceramente agradecer a ele pela coragem de compartilhar seu coração naquela situação. Agora levo meus sonhos e desejos à minha equipe de apoio para avaliação antes de ficar emocionalmente ligado a eles. Recomendo isso a todos, pois evita muita crise posterior. Meus amigos íntimos encorajam algumas de minhas esperanças e sonhos e alguns sonhos eles me desafiam a levar adiante, como fizeram com o de escrever este livro.

Esteja disposto a ouvir a sabedoria que Deus dá a você por meio de seus relacionamentos significativos. Esteja disposto a mudar o seu curso quando Deus lhe falar através deles. Fazendo isso, você será capaz de discernir o que é digno do seu investimento espiritual e emocional, as visões que honram a Deus, em vez dos desejos que interessam somente a você.

Equipe de treinamento FORMA

Em situações de emergência médica, a pessoa pode ser salva por um sistema de apoio à vida que fornece o oxigênio necessário à sobrevivência. Do mesmo modo, você precisa de um sistema de apoio *relacional* à vida para lhe dar o cuidado, amor e encorajamento essenciais, o seu oxigênio espiritual, para que você possa sobreviver e crescer para Jesus.

O meu objetivo no restante deste capítulo é ajudá-lo a começar a construir a sua própria Equipe de Treinamento FORMA.

Devo admitir que não fiquei muito animado quando um amigo próximo me apresentou este conceito pela primeira vez. Pensei comigo mesmo: *Por que preciso de pessoas em minha vida? Pedir ajuda a pessoas é sinal de fraqueza. Eu posso fazer sozinho.*

Até então, eu não tinha tido a experiência de relacionamentos muito bons. Durante anos, aos poucos me dei conta de que o "pai da mentira" queria que eu pensasse que poderia fazer isso a *vida toda* por mim mesmo. Sou grato pela maneira como minha vida mudou desde que reconheci minha necessidade de uma equipe para cuidar de mim, me defender e desafiar. Nunca imaginei que deixar pessoas entrarem em minha vida e deixá-las me amar plenamente traria tal libertação e completude ao meu espírito. Deus quer atender nossas mais profundas necessidades por meio dos relacionamentos.

Enquanto você se prepara para agrupar a sua própria Equipe de Treinamento FORMA, tenha em mente duas condições essenciais.

Primeira, pense seriamente que os membros da sua equipe sejam cristãos fiéis, dedicados a Jesus Cristo. Se o objetivo é o de potencializar a FORMA dada por Deus e fazer uma significativa contribuição com sua vida, a equipe precisa ser essencialmente cristã.

Segunda, selecione somente membros da equipe cujos valores fundamentais combinem com os seus. Essas pessoas influenciarão significativamente a sua vida, para o bem ou para o mal. Por isso convide somente pessoas dedicadas a Deus, que se esforçam em ter uma vida submissa, que estejam atentas aos outros, que mostrem verdadeiro amor aos outros, que tenham espírito humilde e desejem usar seus recursos para ajudar os outros. Você descobrirá que pessoas com essas qualidades terão uma influência duradoura e positiva sobre você.

Não estou sugerindo, é claro, que você se feche a relacionamentos com os não-cristãos. Isso seria trágico, afinal Cristo nos chamou para

9. MELHOR JUNTOS

sermos sal e luz neste mundo. Mas você não chamaria um cabeleireiro para consertar o seu computador, chamaria? Se você fosse a uma academia, iria querer um *personal trainer* qualificado para ajudá-lo a atingir suas metas de treinamento. O mesmo é verdade quando se trata daqueles que causarão impacto direto no seu crescimento espiritual. Você precisa de pessoas que pareçam com Cristo para edificar a semelhança de Cristo em sua vida.

A minha Equipe de Treinamento FORMA tem três componentes: um colega de treinamento, um grupo de treinamento e um quadro de conselheiros.

Uso bastante a palavra "treinamento" por uma razão muito importante. A Bíblia enfatiza o treinamento para atingirmos o alvo de Deus para nós. O apóstolo Paulo fala disso como estilo de vida: "Sendo assim, não corro como quem corre sem alvo, e não luto como quem esmurra o ar. Mas esmurro o meu corpo e faço dele meu escravo, para que, depois de ter pregado aos outros, eu mesmo não venha a ser reprovado" (1Co 9.26-27). Paulo escreveu também: "Rejeite, porém, as fábulas profanas e tolas, e *exercite-se* na piedade. O exercício físico é de pouco proveito; a piedade, porém, para tudo é proveitosa, porque tem promessa da vida presente e da futura" (1Tm 4.7-8, grifo do autor).

Gosto muito do que John Ortberg diz no livro *A vida que você sempre quis* sobre nosso treinamento: "Transformação espiritual não é questão de empenho, mas de treinamento aliado a sabedoria".[1] Tentar viver para Jesus não funciona, mas treinamento funciona, e por isso precisamos de um grupo de pessoas por perto para nos ajudar.

Veremos cada uma dessas funções para que você saiba quem convidar para fazer parte da equipe.

Seu colega de treinamento

Seu colega de treinamento será sua fonte semanal ou até diária de apoio, oração, encorajamento e correção. Ele deve ser alguém em quem você sinta que pode confiar, alguém com quem você sabe que pode ir até o fim, um amigo próximo ou, se você for casado, talvez o seu cônjuge.

Colegas de treinamento geralmente estão na mesma fase da vida e têm objetivos semelhantes. O meu colega de treinamento é o meu melhor amigo. Embora tenhamos carreiras bem diferentes (ele é executivo, e eu pastor), temos muito em comum. Gostamos das mesmas coisas. Temos quase a mesma idade. Nossos filhos têm pouca diferença de idade uns dos outros. Nossas esposas também são amigas bem próximas. Embora nossas virtudes e paixões não sejam os mesmos, ambos queremos sinceramente ajudar um ao outro a ir até o fim por Deus e permanecermos fiéis ao que ele nos fez ser.

Um aspecto desse relacionamento que o faz funcionar é que não competimos um com o outro. Descobrimos que quando a competição entre nós diminui, nosso vínculo um com o outro aumenta. Somos muito competitivos, especialmente na quadra de basquete, mas, quando se trata de vida, de coisas mais profundas do que passatempo ou eventos sociais, não há lugar para a competição em nosso relacionamento. Somos completamente livres para sermos líderes de torcida um do outro na quadra da vida.

Eu peço a meu colega de treinamento que atente principalmente à condição do meu coração, porque ele revela o meu verdadeiro eu. Eu preciso de alguém que confira minhas intenções regularmente. Eu preciso também de um lugar seguro para confessar meus pecados. Em Tiago, lemos: "Portanto, confessem os seus pecados uns aos outros e orem uns pelos outros para serem curados. A oração de um justo é poderosa e eficaz" (Tg 5.16).

Como colega de treinamento, meu amigo põe à prova meus pensamentos mais íntimos, meu caráter, a condição da minha alma e meus valores essenciais e ainda me ajuda a corrigir o curso enquanto me esforço para cumprir o que sinto que Deus claramente me pede para fazer.

Ele me ajuda a lutar nas áreas onde o inimigo mais tenta me derrubar. É vital para mim, como é para qualquer um que quer viver para Deus, ter onde confessar minhas lutas e compartilhar situações e sucessos, sabendo que não serei julgado, mas amado e encorajado.

9. MELHOR JUNTOS

Você tem este tipo de relacionamento na sua vida? Você consegue pensar em alguém em quem gostaria de confiar desta forma? Se não, peça a Deus que o ajude a desenvolver tal relacionamento. Pode ser que alguém já esteja preenchendo este papel em sua vida, mas você não tenha reconhecido até agora. Quem? Entre em contato com essa pessoa especial e diga-lhe o quanto você apreciaria que ela participasse de sua vida.

Seu grupo de treinamento

Assim como é valioso o colega de treinamento, ter outros a seu lado é ainda melhor. A Bíblia diz: "Um homem sozinho pode ser vencido, mas dois conseguem defender-se. Um cordão de três dobras não se rompe com facilidade" (Ec 4.12).

Um grupo de treinamento é normalmente formado por amigos ou parceiros com vínculos uns com os outros, pessoas comprometidas em caminhar juntas até o fim. Novamente, os membros do seu grupo de treinamento devem ter os mesmos valores essenciais e o desejo de participarem de uma equipe cujo objetivo é o de conquistar vitórias para Deus. O seu colega de treinamento pode ser parte do seu grupo de treinamento.

O meu grupo de treinamento é formado por dez membros. Essas pessoas maravilhosas reúnem-se comigo regularmente para instrução (*coaching*) e cuidado. Estamos comprometidos em ajudar uns aos outros a lidar com a vida e tudo o que ela oferece. Oramos uns pelos outros, encorajamos uns aos outros e prestamos contas uns aos outros. Torcemos uns pelos outros quando estamos fazendo o trabalho que Deus planejou especificamente para nós. Trocando em miúdos, nós *vivemos a vida juntos*.

A Palavra de Deus revela o segredo para fazer isso dar certo: "Vocês *só* podem desenvolver uma comunidade saudável e robusta que vive corretamente com Deus e desfrutar seus resultados se vocês conseguirem cumprir a difícil tarefa de se darem bem uns com os outros, tratando um ao outro com dignidade e honra" (Tg 3.18, *Msg*, tradução livre, grifo do autor).

O evangelho de Lucas conta uma história que descreve perfeitamente as características de um grupo de treinamento:

> Vieram alguns homens trazendo um paralítico numa maca e tentaram fazê-lo entrar na casa, para colocá-lo diante de Jesus. Não conseguindo fazer isso, por causa da multidão, subiram ao terraço e o baixaram em sua maca, através de uma abertura, até o meio da multidão, bem em frente de Jesus. Vendo a fé que eles tinham, Jesus disse: "Homem, os seus pecados estão perdoados" (5.18-20).

Essa história mostra três tipos de pessoas: Aquele-que-cura, Jesus; o ferido, o homem que necessitava ser curado; e os ajudadores, o grupo de amigos do homem paralítico, ou, se você preferir, o grupo de treinamento dele. O dedicado grupo de homens mostrou tremenda disposição ao lutar para que seu amigo fosse visto por Jesus. Foi a fé deles que o colocou na posição para ser curado por Jesus. Imagine você como aquele paralítico. Ele viveu por anos daquele jeito e, provavelmente, sonhou muitas vezes em andar, correr, dançar e desfrutar a vida como qualquer outra pessoa. Podemos dizer que seus amigos leais eram o seu *dream team* pessoal, seu time dos sonhos, porque eles o ajudaram a tornar seu sonho realidade.

Quando a vida está difícil e você sente que não tem forças nem ao menos para orar a Jesus, você tem um grupo de pessoas que podem interceder a seu favor? Você tem um grupo de treinamento FORMA? Se você deseja potencializar sua FORMA e dar uma contribuição significativa com sua vida a Deus, insisto para que você organize esse grupo, antes que outro dia se vá.

Seu quadro de conselheiros

Além do colega de treinamento e do grupo de treinamento, eu tenho o que chamo de meu quadro pessoal de conselheiros. Esse grupo é composto de mentores experientes que são fonte de sabedoria durante as fases da vida em que preciso de maior clareza. Além disso, busco essas pessoas-chave para me ajudarem a aperfeiçoar e a fortale-

9. MELHOR JUNTOS

cer minha FORMA. Às vezes nos encontramos pessoalmente, às vezes falamos ao telefone; outras, por *e-mail* e ainda outras leio a sabedoria deles nos livros.

Por exemplo, quando se trata de conselho sobre gerenciamento e liderança, busco a sabedoria escrita do falecido Peter Drucker. Quando se trata da criação de filhos, procuro especialistas como John Townsend e Henry Cloud. Quando se trata de honrar minha esposa, procuro a ajuda de Gary Smalley, autor de vários livros sobre sucesso no relacionamento.

Meu amigo Mark é especialista em usar o seu quadro de conselheiros. Mark, a esposa e os filhos são membros de nossa igreja em Saddleback. Como homem de negócios, Mark supervisiona uma divisão de sua companhia que fatura mais de 100 milhões de dólares anuais em vendas. Quando perguntei a Mark:

— O que mantém o seu foco?

Ele respondeu:

— Deus, minha família e a reunião mensal com meus conselheiros.

O grupo de Mark é formado por empresários centrados em Cristo que compartilham sucessos semelhantes.

— Reunimo-nos todos os meses para apoio e prestação de contas uns aos outros — Ele me contou. — Nós nos concentramos não somente nos negócios, mas também em nossas famílias. Falamos sobre como vivermos uma vida significativa para Jesus. Desafiamos uns aos outros a fazer mudanças positivas em nossa vida pessoal, profissional e familiar.

Ao pensar em seu próprio quadro de conselheiros, imagine-se sentado à mesa numa sala de reuniões de diretoria com cadeiras vazias. Quem você convidaria para ocupar aquelas cadeiras e sentar-se à mesa com você? Quem você gostaria que investisse em você? Quem são os modelos, os encorajadores? Quais pessoas são fontes de sabedoria e conhecimento de quem você pode aprender? No diagrama a seguir, coloque próximo a cada cadeira o nome e a área de vida na qual você vê cada um deles o auxiliando. Você vai notar que o presidente já foi nomeado.

```
_____            _____
   Jesus        ╭─────────────────────╮
  ─────────     │  Meu quadro de      │     _____
  Presidente    │    conselheiros     │
                ╰─────────────────────╯

_____                              _____
```

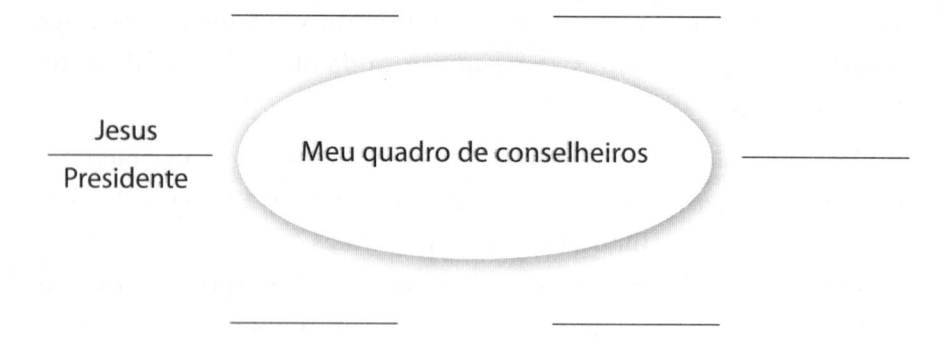

Ore e depois busque

Agora que você foi apresentado aos elementos-chave da sua Equipe de Treinamento FORMA: seu colega de treinamento, seu grupo de treinamento e seu quadro de conselheiros, vamos avaliar como montar sua equipe.

Para montar a minha, usei um modelo prático e poderoso da Bíblia: eu imitei Jesus.

Estudei bastante a história em que Jesus nomeou seus doze discípulos, sua equipe de apoio à vida. Lemos em Lucas 6.12-13: "Num daqueles dias, Jesus saiu para o monte a fim de orar, e passou a noite orando a Deus. Ao amanhecer, chamou seus discípulos e escolheu doze deles". Aqui Jesus nos dá dois princípios essenciais para convidar outras pessoas em nossa vida: orar e buscar.

Primeiro Jesus *orou*. A Bíblia diz que ele orou a noite toda a Deus Pai. Você pode imaginar orar a noite toda, oito horas sem parar? Às vezes tenho dificuldade para me concentrar por oito minutos! Por que você acha que Jesus fez isso? Acredito que foi por ele saber que precisava de ajuda para cumprir sua missão no mundo, e da sabedoria do Pai para identificar seus doze melhores recrutas. Com uma decisão de tal importância, ele não poderia simplesmente ter colocado os nomes num chapéu e dito: "Certo, os doze primeiros nomes que eu tirar serão a minha equipe".

9. MELHOR JUNTOS

Se Jesus precisou da ajuda do Pai para escolher seus discípulos, será que você e eu não precisamos dela para selecionar os membros da nossa Equipe de Treinamento FORMA? Estamos numa batalha espiritual. Satanás não quer que tenhamos a nossa Equipe de Treinamento FORMA. Seu objetivo é ver-nos cair, e ele sabe que é exatamente isso que acontecerá se tentarmos viver a vida cristã sozinhos.

Em segundo lugar, Jesus *buscou apaixonadamente* os integrantes da equipe que Deus lhe revelou. Jesus não esperou que seus discípulos fossem até ele, ele foi à sua procura. A Bíblia diz que ele os *chamou.* Procurou-os de maneira antecipada, proativa. Sua atitude mostra que ele se importava com eles e desejava que estivessem em sua companhia. Revela também que conhecia as virtudes dos discípulos e o quanto ele queria guiá-los de forma que pudessem expressar essas qualidades por amor ao evangelho.

Pedir ajuda dos outros pode parecer impossível para você, mas Deus pede-nos para correr o risco. Pedro não teve a incrível experiência de andar sobre as águas até sair do barco agitado pela tempestade. Permita que Deus torne o impossível possível em sua vida.

Diga-lhes que você os ama

Já há vários anos, a cada verão, certos membros da minha Equipe de Treinamento FORMA passam uma semana num acampamento nas montanhas de San Bernardino. Nossas cinco famílias amam cada vez mais essa aventura anual, compartilhando sete dias de diversão, boa comida e ótima comunhão.

A semana termina na manhã de sexta-feira no "círculo da vitória", uma preciosa tradição quando cerca de 150 famílias se reúnem neste local maravilhoso, encravado na montanha, para um momento final de compartilhamento. Declaramos vitória a Deus, citando as grandes coisas que ele realizou em cada um de nós durante a semana.

Eu tenho uma memorável experiência do círculo da vitória da sexta-feira, 15 de julho de 2005.

O sol da manhã atravessava as grandes árvores e Deus me incomodou para que contasse ao grupo todo uma vitória em minha vida. Peguei o microfone e disse ao grupo que estar no meio deles me fazia lembrar do círculo de amigos que tinha trazido vitória à minha vida. Com lágrimas escorrendo pela face, olhei para cada um dos casais que tinha vindo conosco e agradeci-lhes pela diferença que faziam em mim com suas orações, seu encorajamento, apoio e amor. Agradeci-lhes por me ajudar a ser o marido e pai que Deus quer que eu seja e por me permitir ser apenas Erik, em vez do "pastor Erik", quando estou com eles.

Quando devolvi o microfone ao líder do acampamento, notei que todos do grupo estavam enxugando as lágrimas dos olhos. Abraçamo-nos e agradecemos a Deus uns pelos outros.

Percebi que era a primeira vez em sete anos que eu fazia uma declaração pública àquelas pessoas tão especiais em minha vida. Naquele dia Deus me fez lembrar que eu precisava deliberadamente dedicar muito mais tempo honrando as pessoas que fazem parte da minha vida. Eu preciso dizer a elas particular e publicamente, o quanto sou grato a elas.

Não espere sete anos para dizer a seu grupo de amigos íntimos o quanto você os ama. Uma vez montada a sua Equipe de Treinamento FORMA, reserve tempo regularmente para celebrar cada pessoa que participe dela. Diga-lhes agora o quanto você precisa delas e quanto as ama.

Quem quer que você escolha para participar de sua Equipe de Treinamento FORMA, faça as escolhas com isto em mente: o seu sucesso espiritual na vida depende demais de seus relacionamentos com outras pessoas. Você quer experimentar o melhor que Deus tem para o resto de sua vida? Comece cercando-se da melhor equipe possível e então se prepare para fazer uma significativa diferença!

9. MELHOR JUNTOS

APLICANDO O QUE APRENDEU

Ao terminar este capítulo, gaste algum tempo pedindo a Deus a sabedoria e força necessárias para organizar a sua Equipe de Treinamento FORMA. Peça que ele o ajude a experimentar a verdadeira comunidade e todas as recompensas decorrentes dela.

■ ■ ■ ■ ■

Reflita no que você aprendeu. O que você aprendeu neste capítulo sobre a importância de ter relacionamentos bíblicos?

_____

_____

_____

_____

_____

Compreenda o que você recebeu. Escreva a seguir uma nota de agradecimento a Deus por uma pessoa que o tenha ajudado recentemente num momento de necessidade. Depois escreva uma nota de agradecimento à própria pessoa.

_____

_____

_____

_____

_____

Peça ajuda de outros. Quem são dois modelos de fé que inspiram você? Como você pode aprender com eles?

_____

_____

_____

_____

Responda pela fé. Depois de orar, quem você pretende procurar para fazer parte da sua equipe de apoio à vida?

Quem será o seu colega de treinamento? Talvez você já tenha um colega de treinamento. Se tiver, use isso como lembrete para agradecer-lhe por fazer diferença em sua vida. Se você não tem atualmente um colega de treinamento, comece a orar por um e, quando chegar o momento, vá atrás dele de forma proativa e apaixonada.

Vou começar a orar por _____, a quem vou pedir para ser meu colega de treinamento.

Quem fará parte do seu grupo de treinamento? Pense em quatro ou cinco pessoas que você poderia convidar para fazer parte do seu grupo de treinamento. Liste suas razões para selecionar esses indivíduos em particular. Como eles irão aprimorar a sua vida? Quais são os seus valores essenciais? Como *você* pode ajudá-*los*?

_____

_____

_____

_____

9. MELHOR JUNTOS

Quem fará parte do seu quadro de conselheiros? Faça uma lista das pessoas que você poderia convidar para integrar o seu quadro de conselheiros. Por que você indicaria essas pessoas específicas? Como elas influenciarão você? Como essas pessoas ajudarão você a permanecer fiel àquilo para o qual Deus o fez?

_____

_____

_____

_____

_____

Liberando sua boa forma espiritual para a vida

Capítulo 10

PROPÓSITO NO REINO

Compreendendo o plano singular
de Deus para sua vida

Consagre ao Senhor tudo o que você faz,
e os seus planos serão bem-sucedidos.
Provérbios 16.3

Servir é o caminho para o real significado.
Rick Warren

Deus pode fazer coisas surpreendentes conosco
quando desejamos dizer "sim" a ele.
Denny Bellesi

Você foi feito para fazer uma significativa diferença.

Sentado, Steve olhava fixamente para aquelas oito palavras escritas no quadro branco em meu escritório. Os raios de luz do sol destacavam ainda mais as lágrimas que lhe escorriam pelo rosto. Ele queria redirecionar a vida, compreender seu propósito específico, fazer uma significativa diferença no Reino. Mas o ponto de partida para aquela mudança teimava em não surgir.

Steve me disse:

— Erik, como eu passo do conhecimento da minha FORMA para a realização do meu Propósito no Reino?

Já ouvi essa pergunta muitas vezes. Eu disse a Steve que ele havia chegado ao ápice de sua jornada de descoberta com Deus. Exatamente como subir ao cume de uma montanha permite à pessoa ganhar uma nova visão daquilo que o cerca, Steve naquele momento tinha uma nova visão da vida, exatamente como você neste momento, mas o que fazer com essa nova perspectiva de si mesmo?

Decidi mostrar a ele um trecho do filme *Carruagens de fogo,* para ajudá-lo.

Nesse conhecido filme, os corredores Eric Liddell e Harold Abrahams representam a Inglaterra na corrida dos quatrocentos metros nos Jogos Olímpicos de 1924. No dia da grande corrida, Eric, um cristão comprometido, recebeu um pedaço de bilhete de um colega com o texto de 1Samuel 2.30: "Honrarei aqueles que me honram". Segurando firmemente o papel em seu punho, ele dispara em direção à linha de chegada para ganhar a medalha de ouro. Enquanto a câmera se aproxima de seu rosto tenso e suado, o espectador ouve as célebres palavras de Eric: "Deus me fez veloz, e, quando corro, sinto que ele fica satisfeito".

Aquele era o Propósito no Reino de Eric Liddell. Embora com certeza houvesse muitas outras coisas em que ele se destacava, havia uma que permitia a ele sentir a satisfação de Deus como nenhuma outra: correr rápido. Se você assistir ao filme todo, verá que ele usa esse propósito exclusivo para glorificar a Deus.

10. PROPÓSITO NO REINO

Depois de termos assistido àquele trecho, escrevi outra frase no quadro para Steve:

Deus me fez _____ e quando eu _____ sinto que ele fica satisfeito.
       Sua FORMA   Seu Propósito

Perguntei a Steve se ele podia preencher o primeiro espaço e isso não foi difícil para ele, já que tinha gastado muito tempo recentemente descobrindo sua FORMA, mas o segundo espaço em branco o deixou perplexo.

Então li o Salmo 119.31,32 para ele: "Apego-me aos teus testemunhos, ó Senhor; não permitas que eu fique decepcionado. Corro pelo caminho que os teus mandamentos apontam, pois me deste maior entendimento".

Steve me disse:

— Eu só quero percorrer o caminho que Deus tem para mim. Estou cansado de todos os outros caminhos que tentei e me deixaram uma sensação de vazio. Eu quero muito que o meu coração se liberte para me concentrar somente no que Deus tem para mim.

Então eu disse a Steve que, se ele quisesse mesmo abraçar o seu Propósito específico no Reino, ele precisava fazer uma seqüência de cinco passos quando começasse a descer a montanha com Deus. Eu lhe disse também que ele precisava apropriar-se do seu Propósito no Reino, não como peso, mas com gratidão, dando a Deus toda a glória. Para ter certeza de que isso aconteceria, ele deveria sempre fazer de Deus o herói de tudo que ele fizesse daquele dia em diante. Como diz Rick Warren: "Definitivamente, não é você".

O objetivo deste capítulo é ajudá-lo a dar os mesmos cinco passos que Steve deu muitos anos atrás, para que você também possa abraçar o seu próprio Propósito no Reino e comece a vivê-lo para a glória de Deus. Eis os cinco passos, num acróstico formando a palavra *CAPTE* para facilitar a memorização:

1. **Coloque Deus no centro.** Como já vimos, separados de Deus não podemos conseguir nada de significado duradouro. Por isso, o primeiro passo no sentido de viver o seu Propósito no Reino é certificar-se de que Deus está não apenas em sua vida, mas no centro dela. É por isso que você precisa gastar tempo livrando-se de coisas supérfluas que distraem e sobrecarregam você.

2. **Aceite seu Sonho de Reino.** Uma vez que Deus tenha o justo lugar dele como piloto de sua vida, permita que o seu coração e mente comecem a sonhar pelo Reino. Permita que os suaves sussurros de seu coração soem alto para a glória de Deus.

3. **Promova seu Ponto de Eficiência.** Esta é a área mais favorável de sua vida para a expressão da sua FORMA. É neste passo que você começa a alinhar sua singularidade com o sonho que honra a Deus, o que garante seu exclusivo Propósito no Reino.

4. **Tenha em vista a busca da sabedoria.** O quarto passo diz respeito a confirmação e apoio. É neste ponto que você compartilha o seu Propósito no Reino com os membros da Equipe de Treinamento FORMA e pede uma avaliação honesta antes de começar a mudar a sua agenda para cumprir o propósito para o qual Deus o criou.

5. **Examine.** O último passo para a compreensão do seu Propósito no Reino é submetê-lo a um teste. Todo o seu tempo e energia agora convergem para um plano de ação. Não se trata de um plano de auto-ajuda, mas de um mapa dirigido pelo Espírito que o mantém no curso do chamado de Deus em sua vida.

Vamos agora analisar cada um desses passos mais detalhadamente e aplicá-los à sua vida.

Passo nº 1: Coloque Deus no centro

Como você já sabe, Deus é o autor da vida e quer que você o honre com ela. Não podemos compreender o que Deus tem para nós, a menos que nos dediquemos a amá-lo como ele nos ama, com todo o coração, alma, entendimento e força. Quando amamos a Deus assim, nossos motivos são cheios do Espírito e nosso foco é servir outros. Quando não o

6. ÁREAS DE EXPERIÊNCIA

APLICANDO O QUE APRENDEU

Ouça sua vida. Veja-a através do mistério insondável que ela é, no tédio e no sofrimento não menos do que no entusiasmo e na alegria: toque, sinta o gosto, fareje o caminho para o coração santo e escondido dela, porque, em última análise, todos os momentos são momentos-chave e a vida em si mesma é graça.
Frederic BUECHNER

Reflita no que você aprendeu. Que coisas você descobriu sobre Deus neste capítulo?

_____

_____

_____

_____

_____

_____

Compreenda o que você recebeu. Como você descobriu que existe propósito em seu passado?

_____

_____

_____

_____

_____

_____

Peça ajuda de outros. Quais são as duas pessoas a quem você pode pedir ajuda para superar padrões ou tendências não-saudáveis em sua vida?

_____

_____

_____

_____

_____

_____

Responda pela fé. Identifique dois passos que você pode dar no próximo mês para usar seu sofrimento em prol de Deus.

1. _____

_____

2. _____

_____

_____

Abrindo sua vida

Capítulo 7

A RENDIÇÃO

Removendo os obstáculos para a alma rendida

Quanto mais deixamos o que agora chamamos
de "nós mesmos" fora do caminho e
quanto mais deixamos que Ele nos tenha,
mais verdadeiramente nos tornamos nós mesmos.
C. S. Lewis

É necessária a entrega absoluta de tudo nas mãos dele.
Se o nosso coração estiver disposto a isso, não existe limite
para o que Deus fará por nós nem para a bênção que ele nos dará.
Andrew Murray

Deus quer que você lhe dê tudo!

Stacey e eu adoramos correr. Fazemos parte do grupo de pessoas que gostam de levantar poeira de duras superfícies por horas a fio. E, de fato, nossos amigos diriam que somos mais do que meramente dedicados a isso!

Uma vez, Stacey, a mais rápida de nós dois, decidiu correr uma maratona completa, 42.195 metros! Você nunca me verá alinhado na saída de uma, mas gostei de treinar com minha esposa. Ela treinou para aumentar sua resistência e conseguir terminar o percurso ainda firme, e não começar com todo o gás e terminar mal conseguindo respirar.

De acordo com o escritor da carta aos Hebreus, a perseverança é algo vital quando se trata de nossa jornada espiritual. E como administrar essa resistência? Ouça as suas palavras: "Portanto, também nós, uma vez que estamos rodeados por tão grande nuvem de testemunhas, livremo-nos de tudo o que nos atrapalha e do pecado que nos envolve, e corramos com perseverança a corrida que nos é proposta, tendo os olhos fitos em Jesus, autor e consumador da nossa fé" (Hb 12.1,2).

Resumindo, temos de remover todas as inquietações que nos distraem e retardam o passo. Como competidores na corrida da vida, nosso foco precisa estar somente em Cristo.

Nossa tendência humana é acreditar que conseguimos desobstruir nossa vida sem que Deus tenha de pôr as mãos numa única parcela que seja de tudo isso. A verdade, entretanto, é que o maior obstáculo para Deus realizar o propósito dele em nossa vida não são as outras pessoas, mas nós mesmos, nossos objetivos, ambições, orgulho e vontade própria. Embora seja difícil compreender, Deus, em sua maravilhosa graça, de fato *anseia* que seus filhos larguem esse peso morto. Ainda que insistamos em carregá-lo com nossa força limitada. No livro *Absolute Surrender* [Rendição absoluta], Andrew Murray destaca: "O primeiro passo para a rendição total é crer que Deus aceita a sua rendição".[1]

Seria uma tremenda tolice minha esposa decidir participar daquela maratona usando botas e uma mochila pesada. Calçados inadequados

7. A RENDIÇÃO

constantemente exigiriam sua atenção e o peso adicional a retardaria, fazendo-a sair prematuramente da corrida, sem falar que poderiam causar ferimentos graves.

Assim como numa corrida real, uma escolha insana de nossa parte seria participar da corrida da vida com todo tipo de distrações e de excesso de bagagem nos atrasando. Esse, claro, é o plano de Satanás. Quanto mais você e eu carregamos um fardo, mais ele nos faz ansiar por uma corrida livre, inconscientes do fato de que estamos ofegando para respirar.

O apóstolo Paulo diz claramente que todo seguidor de Jesus precisa entregar a vida a Deus diariamente e decidir ser um sacrifício vivo para ele (ver Rm 12.1). Somente o coração rendido a Deus pode ser dirigido por ele em seu Propósito no Reino.

Brad Johnson, um pastor amigo, observa:

> Dê a Deus um homem enterrado na neve de Valley Forge[a] e Deus fará dele um Washington. Dê a Deus um homem nascido na abjeta pobreza e Deus o porá diante de uma nação e fará dele um Lincoln. Dê a Deus um homem negro numa sociedade cheia de discriminação e Deus fará dele um Martin Luther King Jr. Dê a Deus uma criança considerada incapaz de aprender e Deus fará dela um Einstein.[2]

Quando você pensa na palavra *rendição*, o que lhe vem à mente? Talvez você imagine alguém se entregando às autoridades depois de uma perseguição de carro, um oponente admitindo a derrota depois de uma luta, ou a entrega a um hábito destrutivo. Estou falando aqui, não de uma posição física ou de um sentimento emocional, mas da posição espiritual de nossa alma que nos capacita a mostrar com autenticidade as características de Cristo, tais como amor, paz, paciência, alegria e domínio próprio.

---

[a] Lugarejo no sudeste da Pensilvânia onde George Washington acampou com seus soldados de dezembro de 1777 a junho de 1778 durante a revolução americana. O acampamento ficou submetido a intenso inverno que causou muita doença e mortes [N. do T.].

Nós nos rendemos quando abrimos mão de *todos* os aspectos da nossa vida para Deus — passado, presente e futuro — e confiamos tudo isso a ele. Pense nisso ao passar o bastão de sua vida à Fonte maior da Vida e peça-lhe, em troca, que lhe dê o poder para viver para ele cada dia.

A Bíblia apresenta um quadro desafiador nas palavras de Jesus: "Se alguém quer ser meu seguidor, que esqueça os seus próprios interesses, esteja pronto para morrer como eu vou morrer e me acompanhe" (Mc 8.34, NTLH). A instrução de Jesus é dada de forma tão simples que penso que todos ficamos curiosos em saber por que ele pensou que essas tarefas seriam tão facilmente executadas. Mas o fato é que, se Jesus não soubesse com certeza que seríamos capazes de segui-lo dessa maneira com a força do Espírito Santo, ele não nos teria chamado para um modo de viver tão radical e elevado.

Uma palavra de atenção para quando você estiver lendo o restante deste capítulo: o processo de rendição, aquilo que a Bíblia chama de transformação, está longe de ser instantâneo e é sempre acompanhado de dor. Armados com essa verdade, eu insisto em que você não se envergonhe da honra de ser transformado para ser usado por Deus. Satanás quer que você e eu fiquemos intimidados com o processo de rendição. Ele sabe que esse sentimento de intimidação nos impedirá de oferecer espontaneamente nossa vida e FORMA a Deus, e o seu objetivo número um, já que ele sabe que nos perdeu eternamente, é tornar-nos ineficazes para Deus.

David G. Benner, no livro *A entrega total ao amor*, afirma:

> A chave para a transformação espiritual é encontrar Deus... em vulnerabilidade. A nossa inclinação natural é trazer as partes mais apresentáveis do nosso "eu" ao encontro com Deus. Entretanto, Deus quer que levemos o nosso "eu" completo ao encontro divino. Ele quer que confiemos nele o suficiente para encontrar o Amor Perfeito na vulnerabilidade de nossa vergonha, fraqueza e pecado... Tragicamente, entretanto, a maioria de nós mantém grandes características do nosso mundo interior excluídas do amor transformador e da amizade de Deus. Perpetuar tais exclusões limita nossa conversão. É

7. A RENDIÇÃO

como ir ao médico para fazer um *checkup* e negar qualquer problema, focando apenas as partes de si mesmo que são mais saudáveis.[3]

Se quisermos avançar no processo de rendição, tal reação é contraproducente. Vir a Deus, exatamente como estamos, é absolutamente imprescindível para conseguirmos um começo novo e sereno.

O seu momento de rendição

Você entregou tudo a Deus? Por tudo, quero dizer *tudo*: relacionamentos, carreira, filhos, dinheiro, sonhos, desejos, dores, pesares, preocupações, anseios, tudo o que compõe sua vida ou que você deseja incluir em seu plano de vida. Pergunte a Deus se existem coisas sobre as quais você não está permitindo que ele tenha completo controle.

Esta seção tem por objetivo trazer à tona as coisas que estão desviando você do seu Propósito no Reino e retardando sua caminhada. Como disse Max Lucado:

> Não vá a Deus com opções e com a expectativa de que ele escolha uma de suas preferências. Vá a Deus com mãos vazias, sem agendas ocultas, sem dedos cruzados, nada atrás das costas. Vá a ele com a disposição de fazer o que ele disser. Se você entregar a sua vontade, então ele "o equipará com todas as boas coisas para fazer a vontade dele".[4]

Embora a rendição (o processo de nos submetermos ao jeito de Deus) seja um desafio para a vida toda, a maioria dos cristãos pode apontar um momento específico no tempo, o "momento de consagração", quando reconheceram pela primeira vez que só Deus tem o direito de sentar-se no trono. O meu próprio momento de consagração não foi planejado, pelo menos da minha parte. Embora anos antes eu tivesse pedido que Jesus fosse o chefe de minha vida, ainda havia áreas das quais eu não tinha aberto mão. Durante o momento devocional num evento de planejamento de vida em 1998, o instrutor leu o salmo 139 e então começou a explicar o ato de liberar cada coisa de nossa vida para Deus. Fazer isso, ele disse, permite que Deus ocupe o lugar correto no centro da nossa vida.

Enquanto ele lia o salmo, o meu coração acelerou. Pensamentos, bons e maus inundaram minha mente. Lágrimas encheram-me os olhos enquanto ele lia: "Sonda-me, ó Deus, e conhece o meu coração; prova-me, e conhece as minhas inquietações. Vê se em minha conduta algo te ofende, e dirige-me pelo caminho eterno" (Sl 139.23,24). Senti, de fato, Deus vasculhando o meu coração. Ele começou a apontar as áreas que queria que eu lhe entregasse. À medida que Deus fazia um inventário em minha alma, o instrutor desafiava-nos a uma entrega incondicional de todas as áreas da vida a Cristo.

A próxima coisa de que me lembro é que eu estava em pé e gritava: "Eu me rendo!" diante de pessoas de quem nem o nome eu sabia. O instrutor veio até mim, colocou as mãos em meus ombros e pediu que outros se acercassem de mim para orar. Gostaria de poder dizer que me lembro exatamente da oração feita sobre mim, mas o que lembro com muita clareza é de ter sentido a pressão das mãos deles contra as minhas costas enquanto oravam. O corpo de Cristo, um grupo de cristãos, ministrou a um membro necessitado enquanto minhas preocupações, injustiças e feridas passadas eram colocadas para fora. Posso sempre olhar para trás, para aquele dia, e saber que me entreguei totalmente a Deus. Nunca vou esquecer isso.

O conceito de rendição está entretecido por toda a Bíblia. Rick Warren escreve em *Uma vida com propósitos*:

> O momento da rendição de Paulo ocorreu na estrada para Damasco, após ele ter sido derrubado por uma luz ofuscante. Outros tiveram sua atenção atraída por métodos menos dramáticos. Não obstante, o ato de render-se nunca é um acontecimento isolado. Paulo disse: "*Morro todos os dias*" (1Co 15.31). Há o *momento* da rendição e também a prática da rendição, que ocorre a todo momento e por toda a vida. O problema do sacrifício *vivo* é que ele pode escapulir do altar, então você provavelmente precisará renovar a rendição de sua vida 50 vezes por dia. Você deve fazer disso um hábito diário. Jesus disse: "Se as pessoas querem me seguir, precisam abrir mão de suas vontades. Precisam estar dispostas a negar sua vida diariamente para me seguir" (Lc 9.23).[5]

7. A RENDIÇÃO

Você já entregou *toda* a sua vida a Deus? Ou entregou algumas partes a Deus e no final acabou tomando-as de volta? Não importa onde você esteja, faça o seu momento de entrega agora mesmo. Peça que Deus revele as coisas que o estão sobrecarregando e desviando de ser a obra-prima que ele fez você ser.

Para ajudá-lo a atingir esse objetivo, vamos verificar cinco obstáculos cruciais da vida para se libertar do seu passado: preocupações, feridas, erros, fraquezas e desejos. Antes de começar, entretanto, eu gostaria de orar por você:

Querido Deus, ajude sua maravilhosa criação a examinar-se. Mostre-lhe tudo que a atrapalha e a desvia de ti. Dê-lhe forças para que ela entregue estas coisas a ti. Tome cada aspecto de sua vida e use-a para a tua glória. Ajude-a a sentir teu amor, tua aceitação, tua graça e perdão de uma maneira nova e viva. Conceda-lhe um novo começo contigo hoje. Em nome de Jesus, amém.

Entregue a Deus suas preocupações

Se tentássemos identificar uma característica humana mundial, unificadora, suspeito que seria a ansiedade ou, como a chamamos hoje, "estresse". Muitas pessoas vivem estressadas com muitas coisas nestes dias.

Todo mundo é afetado pela preocupação ou pelo estresse em algum grau. Para alguns, é algo ocasional causado por circunstâncias extraordinárias. Muitos outros, entretanto, são ansiosos *crônicos*. Eles passam os dias pensando em todas as coisas que querem controlar ou consertar e que não conseguem. Depois de um certo tempo, este constante carregar de nossas próprias cargas nos sobrecarrega e nos distancia de Deus.

A Bíblia diz que Deus quer as nossas preocupações para ele: "Entregue suas preocupações ao Senhor, e ele o susterá; jamais permitirá que o justo venha a cair" (Sl 55.22). A palavra *entregar* não significa meramente entregar nossos cuidados a Deus. Em vez disso, ele nos diz para *empurrá-los* para ele. É como se estivesse dizendo: "Pode mandar! Eu pego. Dê seus cuidados para mim. Eu quero todos eles. Eles não vão me sobrecarregar".

A pergunta então é simples: "Com o que você está preocupado?" As pessoas a quem eu normalmente aconselho estão preocupadas com trabalho, relacionamentos, finanças, saúde ou com a realização de seus desejos. Outros se preocupam em ser aceitos, em vencer comportamentos pecaminosos, em sentir que são perdoados por Deus, ou se receberam um propósito que sentem que não podem cumprir.

Billy Graham lembra: "A ansiedade é o resultado natural quando nossas esperanças estão centradas em qualquer coisa menor que Deus e sua vontade para conosco". Nossas esperanças e planos para a vida são exatamente as coisas que, quando tiradas da perspectiva correta, nos levam a pensamentos e sentimentos de ansiedade.

Se você desse uma olhada em meu "livro contábil de preocupações", veria o principal lançamento: minha família. Minha esposa e eu fomos abençoados com duas meninas lindas e um lindo garotão; como pais, importamo-nos profundamente com eles. Minha experiência de ter crescido numa família desestruturada faz que eu me preocupe com minha habilidade em criar uma família centrada em Cristo. Quando se trata de ser o esposo que Deus me chamou para ser, eu fico preocupado. Quando se trata de ser o pai que meus filhos merecem, eu me preocupo. Meu pai casou e divorciou-se três vezes, então tenho as estatísticas contra mim. Os especialistas no assunto diriam que o meu casamento não vai dar certo. O medo de que eles possam estar certos me conduz a Deus constantemente, suplicando-lhe por sabedoria e força. Por querer ter um casamento que glorifique a ele, peço-lhe regularmente que me impeça de sucumbir à preocupação.

E você? Use o espaço a seguir para listar suas preocupações. Quando terminar, entregue os itens a Deus.

_____

_____

_____

_____

7. A RENDIÇÃO

Entregue a Deus suas feridas

Além de suas preocupações, Deus quer também suas feridas. Ele espera que você confie a ele tudo o que lhe provocou muito sofrimento e cicatrizes profundas. Mesmo que você acredite que os danos sejam irreparáveis, a Escritura diz: "Só ele cura os de coração quebrantado e cuida das suas feridas" (Sl 147.3).

Certa vez alguém me disse: "Deus não quer cutucar sua ferida, ele quer curá-la". Nosso amoroso Pai celestial quer tomar nossas feridas e ajudar-nos a superá-las. As feridas físicas, claro, normalmente saram. Refiro-me a algo mais profundo, algo dentro do seu coração. Descobri que na minha vida, assim como na de muitos com quem tive contato, os danos emocionais não saram rapidamente. Isso acontece porque não buscamos a Deus na sua palavra. Ele é o Grande Médico. Ele promete curar as feridas.

"Jane" sofreu uma ferida terrível, quase inimaginável. Depois de beber demais numa festa de Ano Novo, ela apagou. Quando voltou a si, estava sendo estuprada.

"Pensei que estava tendo um pesadelo. Lutei o mais que pude, mas não havia nada que pudesse fazer. Quando o estranho terminou, simplesmente levantou-se e foi embora. Senti-me desamparada e violentada. Eu estava perplexa demais para pensar. Por isso, deixei aquela experiência enterrada num canto da minha vida e decidi nunca mais pensar naquilo.

"Pouco depois de um ano, casei-me com um homem maravilhoso. De repente me vi num relacionamento que deveria ser sexualmente íntimo e carinhoso, mas ele me trouxe uma torrente de sentimentos a respeito *daquela* noite, sentimentos com os quais eu nunca me permiti lidar. Nunca havia me ocorrido que eu me sentiria como se o meu marido estivesse me estuprando toda noite.

"Eu me forcei a começar a conversar sobre aquilo e, pouco a pouco, a dor começou a diminuir. A parte mais difícil não foi perdoar o sujeito que me estuprou; foi perdoar a *mim mesma*. Eu não podia me livrar da pequena voz que continuava me dizendo: 'Você estava bêbada de novo. Você decidiu estar ali'. Finalmente eu clamei a Deus: 'Senhor, estou cansada de ouvir em minha cabeça estas palavras que machucam. O Senhor me perdoa por ter bebido demais naquela noite? Me perdoa por não ter feito escolhas certas?'

"Eu me senti livre naquele mesmo instante! Percebi que o sofrimento de Cristo na cruz foi muito, muito maior do que o que eu tinha sofrido. Eu percebi que havia outras coisas além de mim mesma e a minha dor. Daquele momento em diante, minha história nem era mais minha. Minha história não era uma tragédia. Era uma vitória. E não era a minha vitória, era a dele. Desde então não tem sido mais a minha vida. Tem sido a dele. Sinceramente, não penso que possa haver algo mais importante."

Alguém o feriu tão profundamente que você não pode parar de pensar no sofrimento? Existe alguém com quem você não quer parecer de jeito nenhum? Saiba que a sua amargura torna você muito mais parecido com esse alguém do que imagina. A única forma de encontrar liberdade e cura é entregar a dor para Deus.

Que feridas emocionais você carrega? É tempo de permitir que Deus as cure. Use o espaço a seguir para indicar suas feridas e, assim, entregá-las completamente a Deus.

_____
_____
_____
_____

Você escreveu alguma coisa? Se não escreveu, volte e escreva. Satanás irá cochichar em seu ouvido: "Não deixe ninguém saber". Isso é mentira. Deus *já sabe*. Ele quer que você diga o nome dele e lhe entregue suas feridas. Não deixe que antigas feridas lhe roubem o futuro que Deus tem para você. Não as deixe atrasar você ou impedir o trabalho para o qual você foi tão singularmente equipado para realizar.

7. A RENDIÇÃO

Se você sente que tem graves feridas do passado que controlam sua vida, procure a ajuda de um conselheiro cristão profissional. Você precisa aprender a perdoar as pessoas do seu passado se pretende verdadeiramente dar o melhor de você para Deus.

Entregue a Deus seus erros

Nossas feridas resultam das ações de outros, mas nossos *erros* são coisas que fizemos para causar nossa própria vergonha e angústia, erros que cometemos contra outra pessoa, intencionalmente ou não. Erros podem resultar de nossas ações, nossas palavras, ou ambas.

Quase sempre, não queremos admitir nossos erros. Mas Deus nos quer limpos para que Cristo possa nos dar o seu descanso: "Venham a mim, todos os que estão cansados e sobrecarregados, e eu lhes darei descanso" (Mt 11.28).

Bem poucas coisas são mais danosas do que a culpa que pousa sobre nossas tentativas de cumprir nosso Propósito no Reino. Deus não é o autor da culpa na vida de um cristão; a culpa é armadilha de Satanás. A Bíblia diz que não há condenação em Cristo (ver Rm 8.1). Se você se sente culpado por sua atitude ou ações com outras pessoas — pecados pelos quais Cristo já pagou o preço — recuse essa influência destrutiva.

Existe uma diferença, entretanto, entre culpa e convicção. Deus importa-se conosco e com nossa integridade, e por isso ele nos convencerá dos nossos pecados. Ele quer nosso arrependimento e a restauração de nosso relacionamento com ele. Enquanto a culpa nos faz sentir indignos, com vontade de nos esconder de Deus, a convicção do pecado faz-nos sentir dignos e com vontade de correr para Deus.

Confesso chateado, que tenho ferido várias pessoas com minhas palavras. Apesar de saber que a Bíblia diz: "Sejam todos prontos para ouvir, tardios para falar e tardios para irar-se, pois a ira do homem não produz a justiça de Deus" (Tg 1.19,20), quando falho em deixar o Espírito guiar a minha vida, o resultado podem ser palavras que desagradam a Deus e ferem os outros. Com palavras ou ações, todos ofendemos alguém.

A entrega de seus erros a Deus começa com a confissão, o ato de admitir nossos erros a Deus e àqueles a quem ferimos, para recebermos o perdão. A verdadeira confissão exige arrependimento sincero do coração. Não basta dar desculpas, tentando chamar nosso pecado de simples engano. Essa atitude barateia o sacrifício de Cristo. Corrie Ten Boom escreveu: "O sangue de Jesus nunca limpou uma desculpa". Já tive que confessar à minha esposa atitudes e ações desconcertantes. Tive também que confessar a meus filhos, e isso é a coisa mais difícil para um pai, quando não os tratei com o respeito devido.

A Bíblia diz que, se confessamos, recebemos o perdão e a purificação de Deus: "Se confessarmos os nossos pecados, ele é fiel e justo para perdoar os nossos pecados e nos purificar de toda injustiça" (1Jo 1.9). Mas, se é verdade que Deus está ciente (para dizer o mínimo) dos nossos erros antes de nos chegarmos a ele em confissão, por que precisamos fazê-lo? Frederick Buechner dá esta explicação: "Confessar os seus pecados a Deus não é contar-lhe algo que ele ainda não saiba. Até que você os confesse, entretanto, são o abismo entre vocês. Quando você os confessa, tornam-se a ponte".

A Bíblia também nos adverte da penalidade por *não* confessar: "Quem esconde os seus pecados não prospera, mas quem os confessa e os abandona encontra misericórdia. Como é feliz o homem constante no temor do Senhor! Mas quem endurece o coração cairá em desgraça" (Pv 28.13,14). Mais uma vez, Deus deixa-nos com uma escolha: confessar os erros ou nos apegarmos a eles sem sermos capazes de sentir o alívio que vem com o arrependimento.

No livro *A vida que você sempre quis*, John Ortberg diz:

> Antes de mais nada, confissão não é algo que Deus nos obriga a fazer porque lhe seja necessária. Ele não segura firme sua misericórdia, como se tivéssemos de arrancá-la de entre seus dedos como o último biscoito nas mãos de uma criança. Precisamos confessar a fim de sermos curados e transformados.[6]

7. A RENDIÇÃO

Esse é o propósito da confissão que Deus quer que compreendamos.

Que feridas você causou na vida de alguém, que ainda não confessou a Deus e pelas quais ainda não pediu perdão à pessoa? Liste-as a seguir, confesse-as a Deus e busque perdão, o mais rápido possível.

_____
_____
_____
_____
_____

Entregue a Deus suas fraquezas

Você já se gabou das suas fraquezas? Na sociedade de hoje, é completamente contracultural falar de fraquezas pessoais. A maioria de nós gosta de falar das nossas virtudes e minimiza as fraquezas. Admito que faço isso. Deus, entretanto, quer que assumamos nossas fraquezas para que então possamos ser fortalecidos nele.

O apóstolo Paulo escreveu:

> Para impedir que eu me exaltasse por causa da grandeza dessas revelações, foi-me dado um espinho na carne, um mensageiro de Satanás, para me atormentar. Três vezes roguei ao Senhor que o tirasse de mim. Mas ele me disse: "Minha graça é suficiente para você, pois o meu poder se aperfeiçoa na fraqueza". Portanto, eu me gloriarei ainda mais alegremente em minhas fraquezas, para que o poder de Cristo repouse em mim (2Co 12.7-9).

Quando usamos nossas virtudes, sempre esquecemos de incluir Deus, confiando em nossas próprias habilidades para cumprir as tarefas. Mas, quando temos de realizar tarefas que exigem o que consideramos nossas fraquezas, nossa tendência é irmos a Deus mais rapidamente, e é *exatamente* isso que ele deseja.

Ron Mehl, um pastor e amigo fiel de Deus até o Senhor levá-lo após uma batalha de duas décadas contra a leucemia, perguntou certa vez:

"Poderia haver vitórias se não tivéssemos deficiências?" Nosso Pai quer que sejamos vencedores, com ele a nos conduzir.

Do passado ao presente, Deus está neste negócio de querer usar nossas fraquezas para sua glória. Veja Rick Warren, por exemplo. Os que o conhecem de longe consideram-no um grande comunicador, visionário, pensador estratégico, autor e líder. Em 2005, a revista *Time* destacou-o como uma das pessoas mais influentes da América. Todas essas coisas são verdade, mas o que não é tão óbvio sobre Rick é a maneira pela qual Deus usa suas fraquezas de forma extraordinária.

Cada vez que Rick tem de falar a multidões, a adrenalina percorre-lhe o corpo, o que é uma experiência comum para a maioria das pessoas que falam em público. Mas acontece que Rick é alérgico a adrenalina. Ela causa nele uma espécie de breve cegueira. Acho que você pode imaginar alguém assim dizendo: "Deus, o Senhor cometeu um erro. Para mim, chega de ter de falar". Mas Rick continuamente escolhe não ceder a essa fraqueza por saber que fazer isso o impediria de cumprir seu Propósito no Reino. Ele fala regularmente sobre isso e sabe que sem a força de Deus não poderia fazer o que faz. Deus é glorificado por meio da fraqueza dele.

O pastor Brad Johnson observa: "O solo partido produz trigo, nuvens partidas produzem chuva, o pão partido produz força e uma pessoa partida é a que Deus escolhe usar para seus propósitos".[7]

Deus quer usar você também. Você pode pensar que sua fraqueza é grande demais para ser usada, mas Deus promete usá-la de forma que abençoe outros e o glorifique se você a colocar em suas mãos. Isso contraria a lógica humana, mas Deus quer usar *tudo* de nós. O único impedimento para que isso aconteça é a nossa indisposição de dar-lhe tudo.

O que é que você está agarrando, certo de que Deus não o usará? Entregue cada fraqueza a Deus (liste a seguir) e deixe que ele o surpreenda.

_____

_____

_____

_____

7. A RENDIÇÃO

Entregue a Deus seus desejos

Deus também deseja que você lhe entregue seus sonhos, anseios e desejos. Deus quer abençoá-lo até não poder mais e usá-lo de forma poderosa, mas não pode fazê-lo a menos que você confie nele incondicionalmente. A Bíblia diz: "Confie no SENHOR de todo o seu coração e não se apóie em seu próprio entendimento; reconheça o SENHOR em todos os seus caminhos, e ele endireitará as suas veredas" (Pv 3.5,6). Quanto mais confiamos em Deus — com tudo o que somos — mais claro se torna o caminho. E finalmente conseguiremos encontrar e cumprir o nosso Propósito no Reino.

Stacey diria que nunca fico sem desejar algo. Minha mente é um enxame de sonhos e vontades, alguns para mim mesmo e outros para Deus. Agradeço a Deus por minha esposa, que me mostra quando meus desejos estão focados demais em mim.

Uma de minhas defesas contra essa tendência é perguntar a mim mesmo: "Quem é o principal beneficiário deste desejo?" Se reconheço que ele só serve a meu próprio proveito, tento deixar de lado aquele desejo particular. Se está claro que o meu desejo é para o benefício de Deus e de outros, busco sabedoria dos meus amigos e oro pela idéia até ter paz sobre o que fazer em seguida. Embora esse sistema esteja longe de ser perfeito, aprendi que buscar a Deus em primeiro lugar economiza muita energia e tempo que, do contrário, seriam desperdiçados. A Bíblia diz: "Busquem, pois, em primeiro lugar o Reino de Deus e a sua justiça, e todas essas coisas lhes serão acrescentadas" (Mt 6.33).

Os sonhos podem ser coisas excelentes. Bruce Wilkinson escreve em seu livro *O doador de sonhos*: "Deus pôs em você uma paixão motriz para fazer algo especial. E por que não? Você foi criado à imagem dele, a única pessoa exatamente igual a você em todo o Universo. Ninguém mais pode realizar o seu Sonho". Mas, ele continua, como que para nos lembrar: "Se você não entregar o seu Sonho, estará colocando-o acima de Deus em sua lista de prioridades. O seu Sonho deve ser mais do que ele mesmo ou do que você. Um Sonho dado por Deus une você ao que ele quer fazer no mundo dele *através de você*".[8]

Assim, quais são os sonhos, desejos e vontades que *você* precisa entregar hoje? Faça uma lista deles agora.

_____

_____

_____

_____

Deixe assim

Este capítulo é, de longe, o mais difícil deste livro porque nos força a olhar para o fundo de nossa alma. E isso pode doer. *Muito.* Mas quando admitimos nossas inquietações a Deus e pedimos o seu perdão e o dos outros, descobrimos que nos libertamos das amarras. Pela primeira vez em nossa vida, podemos desfrutar a liberdade de mente, corpo e alma. Podemos parar de competir, de nos comparar, e começar a contribuir unicamente para ele. E Deus está finalmente livre para começar a completar sua obra-prima em nossa vida.

Rick Warren escreve:

> Você sabe que já se rendeu a Deus quando depende dele para resolver as coisas, em vez de insistir em manipular outras pessoas, forçar sua programação diária e controlar a situação. Renuncie e deixe Deus trabalhar. Você não precisa estar sempre "no controle". A Bíblia diz: "Entregue-se ao Senhor e espere pacientemente por ele" (Sl 37.7a). Em vez de tentar com mais afinco, confie mais. Você também só sabe que se entregou a Deus quando não reage às críticas ou não tem o ímpeto de se defender. O coração entregue a Deus se destaca nos relacionamentos. Depois que se entrega a Deus, você não pressiona mais os outros, não exige seus direitos nem se porta de maneira egoísta.[9]

Se você nunca teve o seu momento de rendição, tenha-o agora. Não tenha medo de dar esse passo importante e não ouça a mentira de Sata-

7. A RENDIÇÃO

nás de que isso não é necessário. A Bíblia é muito clara quando diz que a única coisa que devemos temer é a Deus: "O Senhor dos Exércitos é que vocês devem considerar santo, a ele é que vocês devem temer, dele é que vocês devem ter pavor" (Is 8.13). Se você o temer, não precisa temer mais nada. Ele o manterá a salvo. Dê um passo de fé. Depois, faça algo para manter firme a sua entrega a Deus. Uma maneira de fazer isso é compartilhar o seu compromisso com um amigo próximo ou alguém da família e prestarem contas um ao outro.

Você já encontrou alguém que imediatamente você *soube* que tinha uma alma rendida? Vemos isso na vida de alguém, quando ela coloca as necessidades dos outros acima das suas próprias. Pessoas que vivem para agradar a Deus e põem em primeiro lugar as necessidades dos outros são chamadas de "servos". No próximo capítulo, colocaremos um estetoscópio espiritual sobre o coração desse servo para ouvir seu ritmo peculiar.

APLICANDO O QUE APRENDEU

Reflita no que você aprendeu. Que coisas você aprendeu neste capítulo sobre rendição?

_____
_____
_____
_____
_____

Compreenda o que você recebeu. Você recebeu a oportunidade de garantir a sua rendição. Não espere por outro momento. Faça isso agora. Use o espaço a seguir para escrever a Deus a sua oração de rendição pessoal e inclua tudo (preocupações, feridas, erros, fraquezas, desejos) que você precisa entregar completamente a ele.

Ó Deus, eu te entrego hoje o seguinte...

_____
_____
_____
_____
_____

Querido Deus, hoje entrego minha vida completamente a ti. Sei que tenho retido coisas de ti e estou arrependido disso. Por favor, tire de mim tudo o que listei e me dê o descanso que a tua Palavra promete. Dá-me força e sabedoria para viver em rendição cada dia da minha vida.

7. A RENDIÇÃO

Peça ajuda de outros. Que duas pessoas em sua vida podem ajudá-lo a manter sua alma entregue a Deus?

_____

_____

_____

_____

_____

_____

Responda pela fé. Entre em contato com as duas pessoas que você identificou acima e conte a elas sobre o seu momento de rendição a Deus.

_____

_____

_____

_____

_____

_____

Capítulo 8

ALTRUÍSMO

Respondendo com coração generoso

Tudo o que fizerem, façam de todo coração,
como para o Senhor, e não para os homens,
sabendo que receberão do Senhor a recompensa
da herança. É a Cristo, o Senhor, que vocês estão servindo.
Colossenses 3.23,24

Vejo a vida como uma dádiva e uma responsabilidade.
A minha responsabilidade é usar o que Deus me deu
para ajudar seu povo necessitado.
Millard Fuller, fundador da Habitat for Humanity

8. ALTRUÍSMO

A vida além de você mesmo.

Por volta das duas da madrugada de sábado, 12 de março de 2005, Ashley Smith decidiu dirigir até um supermercado local para comprar cigarros. No caminho, ela pensou feliz que, logo depois, naquela manhã, iria pegar sua filha de cinco anos num evento da igreja. Ela não tinha idéia de que sua vida tranqüila estava prestes a mudar para sempre.

De volta para casa, ao sair do carro, Ashley foi imediatamente surpreendida por um homem armado com um revólver. Horas antes, Brian Nichols, suspeito de estupro havia fugido de um tribunal de Atlanta, deixando para trás o juiz e outras três pessoas mortas a tiros. Apontando o revólver para Ashley, ele forçou a entrada na casa dela e a amarrou.

As sete horas seguintes pareceram sete anos. Com a notícia da fuga pela TV, Ashley sabia que Brian era procurado por assassinatos a sangue frio. Ela lutou para controlar o medo, certa de que iria morrer.

Quando seu marido, Mack, foi assassinado em 2001, Ashley apesar de cristã, vivia longe de Jesus. Depois da morte do marido, ela se voltara para as drogas, especificamente aos cristais de metanfetamina. Sua vida acabou em tal desordem que ela acabou entregando a custódia da filha Paige, à tia. Quando Brian Nichols a fez refém, ela tinha começado a reconstruir a vida: voltara a trabalhar e a estudar, tendo seu próprio apartamento e procurando recuperar a custódia de Paige. Todo dia lia um capítulo de *Uma vida com propósitos*. Entretanto, embora não mais usasse drogas de forma constante, ainda lutava contra o vício. Quando Brian perguntou se tinha maconha, ela disse que não, mas lhe ofereceu os cristais de metanfetamina que tinha. Nichols pediu que ela usasse a droga com ele.

"Eu realmente não pensava que Deus fosse me dar outra chance", disse Ashley depois. "Por isso, o que fiz foi me render completamente a ele e dizer: 'Provavelmente o Senhor me levará para casa hoje à noite e, antes disso, eu preciso me acertar contigo'. Ao fazer isso, Deus acabou me dando outra oportunidade."

Ashley viu em Brian um homem que precisava desesperadamente de Cristo. Ele precisava saber quem era Jesus e experimentar sua graça ilimitada. Ela permitiu que o Espírito Santo assumisse o controle. Serviu panquecas a Brian e eles conversaram, exatamente como fazem pessoas normais. Falaram, entre outras coisas, sobre a Bíblia e sobre *Uma vida com propósitos*. Brian pediu a Ashley que lesse para ele, e assim ela escolheu o trecho onde havia parado em sua leitura diária. Abriu no Dia 33: "Como agem os verdadeiros servos". O foco desse texto é o de viver a vida altruísta, permitindo que Deus interrompa sua vida por causa de outra pessoa.

Ashley contou a Brian como ficara viúva e explicou que, se ele a matasse, sua filha ficaria sem pai e sem mãe. Silenciosa e suavemente o Espírito Santo agiu. Brian pendurou umas cortinas para Ashley, depois permitiu que ela fosse buscar a filha. Ela telefonou para a polícia e Brian Nichols entregou-se pacificamente a eles.[1]

Dietrich Bonhoeffer disse certa vez: "É parte da disciplina da humildade não retermos nossa mão quando ela pode realizar um serviço e não presumirmos que nós mesmos administramos nossa agenda, mas permitirmos que ela seja organizada por Deus". Ashley teve uma lição objetiva naquela noite, exatamente daquilo que Bonhoeffer quis dizer. Tenhamos ou não rendido nossa vida a Deus, isto é bem verdade: nossas agendas não são realmente nossas. Quando as colocamos nas mãos de Deus, podemos descobrir, como Ashley Smith naquela noite, que as interrupções, não importa quão inconvenientes sejam, podem ser transformadas em oportunidades para ministrar.

A estrela dessa história não é Ashley Smith. A personagem central é um coração, especificamente, o coração de um servo. Ashley escolheu pensar de forma altruísta, em vez de nela mesma, e por isso sua coragem brilhou poderosamente sob uma pressão que a maioria de nós jamais passará, apesar de sua própria fraqueza humana. A fé deu-lhe a força para servir alguém que outras pessoas teriam evitado ou de quem teriam se escondido, temendo a própria vida.

Ashley deu forma às palavras de Jesus a seus discípulos: "Não será assim entre vocês. Ao contrário, quem quiser tornar-se importante entre vocês deverá ser servo, e quem quiser ser o primeiro deverá ser escravo; como o Filho do homem, que não veio para ser servido, mas para servir

8. ALTRUÍSMO

e dar a sua vida em resgate por muitos" (Mt 20.26-28). Cristo deixou claro que o trabalho de servo não é somente uma característica honrosa, mas obrigatória para quem alega ser seu discípulo.

O escritor devocional Gerald Hartis diz: "Ministério é o que deixamos em nossa caminhada ao seguir Jesus". Ao escolher a natureza servil de Cristo, Ashley Smith deixou atrás de si um forte testemunho do poder dele. Você também deixará marcas à medida que se esforçar para servir outros com sua FORMA.

Alguém disse certa vez: "Sua teologia é o que você é quando o discurso acaba e a ação começa". O que cremos é demonstrado pelo que fazemos, não apenas pelo que dizemos. Boas intenções não são suficientes, elas precisam ser acompanhadas de ações que demonstrem serem elas verdadeiras.

À medida que viajava, Jesus servia de muitas maneiras: socorrendo, curando e estendendo a mão sempre que houvesse necessidade. Ele se humilhou diante de seus próprios discípulos ao lavar-lhe os pés (uma das posições mais humildes que uma pessoa podia assumir na época). Ele assumiu o papel de servo em todo o caminho para a morte, obedecendo à vontade de Deus apesar do que isso lhe custaria pessoalmente.

Deus não está à procura de mãos perfeitamente cuidadas. Seu prazer está em mãos rudes e calejadas que demonstrem uma atitude de "pronto para o que der e vier". Esse foi precisamente o desafio de Paulo à igreja de Filipos:

> Cada um cuide, não somente dos seus interesses, mas também dos interesses dos outros. Seja a atitude de vocês a mesma de Cristo Jesus, que, embora sendo Deus, não considerou que o ser igual a Deus era algo a que devia apegar-se; mas esvaziou-se a si mesmo, vindo a ser servo, tornando-se semelhante aos homens. (Fp 2.4-7)

A história de Ashley pode nos motivar a potencializar nossa vida, ultrapassando nossos limites. Não que qualquer um de nós vá se encontrar numa situação como a dela, mas, como discípulos de Cristo, podemos contar com uma vida inteira de oportunidades para servir os outros e compartilhar nossa fé. Jesus quer que tornemos nossa fé conhecida através do serviço, como Ashley fez por Brian, e como o homem que conhecemos apenas como "o bom samaritano" fez há milhares de anos.

A história do bom samaritano

(cf. Lc 10.25-37)

Certa ocasião, um perito na lei levantou-se para pôr Jesus à prova e lhe perguntou:

— Mestre, o que preciso fazer para herdar a vida eterna?

— O que está escrito na Lei? — respondeu Jesus. — Como você a lê?

Ele respondeu:

— "Ame o Senhor, o seu Deus, de todo o seu coração, de toda a sua alma, de todas as suas forças e de todo o seu entendimento" e "Ame o seu próximo como a si mesmo".

Disse Jesus:

— Você respondeu corretamente. Faça isso, e viverá.

Mas ele, querendo justificar-se, perguntou a Jesus:

— E quem é o meu próximo?

Em resposta, disse Jesus:

— Um homem descia de Jerusalém para Jericó, quando caiu nas mãos de assaltantes. Estes lhe tiraram as roupas, espancaram-no e se foram, deixando-o quase morto. Aconteceu estar descendo pela mesma estrada um sacerdote. Quando viu o homem, passou pelo outro lado. E assim também um levita; quando chegou ao lugar e o viu, passou pelo outro lado. Mas um samaritano, estando de viagem, chegou onde se encontrava o homem e, quando o viu, teve piedade dele. Aproximou-se, enfaixou-lhe as feridas, derramando nelas vinho e óleo. Depois colocou-o sobre o seu próprio animal, levou-o para uma hospedaria e cuidou dele. No dia seguinte, deu dois denários ao hospedeiro e lhe disse: "Cuide dele. Quando eu voltar lhe pagarei todas as despesas que você

8. ALTRUÍSMO

tiver". Qual destes três você acha que foi o próximo do homem que caiu nas mãos dos assaltantes?

— Aquele que teve misericórdia dele — respondeu o perito na lei.

Jesus lhe disse:

— Vá e faça o mesmo.

■ ■ ■ ■ ■

Vamos agora dar uma olhada mais de perto em vários aspectos desta conhecida parábola de Jesus para aprendermos novas lições sobre o uso do que Deus nos deu para servirmos aos outros.

Use a mente para pensar como servo

A atitude de servo começa quando se pensa como servo. A Escritura diz que o servo pensa somente na aprovação do seu senhor: "Tudo o que fizerem, façam de todo o coração, como para o Senhor, e não para os homens, sabendo que receberão do Senhor a recompensa da herança. É a Cristo, o Senhor, que vocês estão servindo" (Cl 3.23,24). Sei que é completamente contracultural, mas você e eu devemos viver para um público de uma só pessoa.

O bom samaritano pensou nas necessidades dos outros antes de pensar nas dele. Certa vez ouvi: "O corpo nunca vai aonde a mente nunca esteve". Se sua mente está disposta a servir, então você agirá com esse propósito. Não havia como o bom samaritano ter agido daquela forma com o necessitado se antes não tivesse pensado na importância de servir outros. Seu primeiro passo em direção ao homem necessitado foi dado em sua mente.

Pensar como servo também dá ao servo a força necessária para estar contente com a vida, sem ter de se comparar com outros e ser derrotado pelo orgulho ou piedade que surgem inevitavelmente. Para tentar tirar você de sua estatura espiritual, Satanás procurará enganá-lo afastando sua mente de Jesus e colocando-a acima das suas próprias preocupações.

Martin Luther King Jr. encorajou-nos a ver tudo o que Deus nos confia como nossa contribuição e chamado. Independentemente do papel que ele nos confere, nossa responsabilidade com o Pai é deixá-lo orgulhoso à medida que o desempenhamos. King disse:

> Se um homem é chamado para ser um varredor de rua, ele deve varrer as ruas assim como Michelângelo pintou, ou Beethoven compôs música, ou Shakespeare escreveu poesia. Ele deve varrer ruas tão bem que todas as hostes celestiais e da terra parem e digam: "Aqui viveu um grande varredor de rua que fez bem o seu trabalho".

A comparação, que resulta em orgulho ou vergonha, não nos ajudará a manter uma mente de servo. A aceitação, sim.

Use os ouvidos para ouvir como servo

Deus não apenas quer que você *pense* como servo, ele quer também que você *preste atenção* nas oportunidades de servir. Os servos são atenciosos porque essa é uma característica de Deus: "Os olhos do Senhor voltam-se para os justos e os seus ouvidos estão atentos ao seu grito de socorro" (Sl 34.15). Deus ouve os nossos clamores e espera que, da mesma forma, ouçamos os clamores dos outros. O samaritano era tão sensível às necessidades dos outros que um grito de socorro tocou seu coração. Nós também precisamos ter os ouvidos sintonizados nos gritos de socorro, sejam eles altos e insistentes ou sutis e discretos.

Certo dia, Joe veio conversar comigo. Quando lhe perguntei como estava, ele disse: "Ótimo!" Mas toda vez que eu perguntava por sua esposa, seu tom de voz mudava. Decidi ser mais específico: "Como está o seu casamento, Joe, *de verdade*?"

Joe finalmente me disse que sua esposa havia cometido adultério. Não é preciso dizer que ele não estava nada bem. Joe precisava de ajuda e Deus me deu ouvidos para ouvir o seu clamor.

Talvez você tenha passado por uma experiência semelhante com alguém da família, um amigo ou colega de trabalho. Se você estiver atento, Deus lhe dará muitas oportunidades para servir.

8. ALTRUÍSMO

Use os olhos para ver como servo

Quando o samaritano viu o homem necessitado, ele se importou e respondeu com um ato de amor. Lembre-se da própria visão de Jesus como servo: "Ao ver as multidões, teve compaixão delas, porque estavam aflitas e desamparadas, como ovelhas sem pastor" (Mt 9.36). Assim como aquele samaritano, e assim como Jesus, você recebeu de Deus olhos para ver. Ele quer que você os use para servir outros, de maneira que glorifique a ele.

Pode ser que, por vezes, você tenha *pensado* em atender às necessidades de alguém, mas, na hora de enfrentar a situação real, voltou atrás por medo ou orgulho. Eu encontrei um lema simples que capta o coração do verdadeiro servo: "Se você viu, é com você". Essa é a atitude que fez do bom samaritano alguém de quem nos lembramos hoje. Ele viu a necessidade e agiu. Em vez de ficar à espera de alguém para agir, ele deu o primeiro passo.

Mantenha os olhos abertos para as oportunidades de servir outros com amor.

Use as palavras para falar como servo

A Escritura nos instrui a mostrar bondade aos outros:

> Portanto, como povo escolhido de Deus, santo e amado, revistam-se de profunda compaixão, bondade, humildade, mansidão e paciência. Suportem-se uns aos outros e perdoem as queixas que tiverem uns contra os outros. Perdoem como o Senhor lhes perdoou. Acima de tudo, porém, revistam-se do amor, que é o elo perfeito (Cl 3.12-14).

O samaritano levou as cargas do homem ferido. Você pode ajudar pessoas necessitadas simplesmente com suas palavras.

Deus quer que usemos nossas palavras para servir. Além das simples ações, Deus quer que falemos de cura e esperança às pessoas ao nosso redor, usando palavras para tirá-las da dor e do sofrimento. Sua Palavra nos ensina em Provérbios 16.24: "As palavras agradáveis são como um favo de mel, são doces para a alma e trazem cura para os ossos". Pense nas vezes em que alguém disse algo carinhoso e animador que o deixou empolgado (em contraste com os momentos em que as palavras de outros lhe tiraram toda a alegria). Desafie a si mesmo a ser um portador da medicina verbal, um encorajador que, ao falar, cura a vida de outra pessoa.

Use o coração para amar como servo

O coração do samaritano transbordava de amor por Deus, um poder que transbordava de dentro dele e lhe permitia amar outros. Bob Pierce, fundador da Visão Mundial e da Bolsa do Samaritano,[a] disse: "Que o meu coração seja enternecido pelas coisas que enterneceram o coração de Deus". O bom samaritano vivia por esse princípio.

A Bíblia diz: "Sejam todos humildes uns para com os outros, porque 'Deus se opõe aos orgulhosos, mas concede graça aos humildes'" (1Pe 5.5). Se queremos o favor de Deus em nossa vida, devemos ser humildes. Charles Spurgeon disse: "A humildade é a adequada avaliação de si mesmo". Para termos uma visão honesta de nós mesmos, precisamos olhar para apenas uma fonte, o próprio Cristo, que diz: "Quem quiser ser importante, que sirva os outros" (Mt 20.26b, NTLH). Como observa Rick Warren, a grandeza no livro de Deus não é medida por quantas pessoas o servem, mas a quantas pessoas você serve.

No livro clássico *Humility* [Humildade], Andrew Murray escreve:

> Ele [Jesus] simplesmente nos ensinou a bendita verdade que não há nada tão divino e celestial como ser servo e ajudador de todos. O servo fiel, que reconhece sua posição, encontra verdadeiro prazer em atender às vontades do seu senhor ou dos convidados dele. Quando virmos que essa humildade é algo infinitamente mais

---
[a]Samaritan's Purse [N. do R.].

10. PROPÓSITO NO REINO

amamos desse modo, nossos motivos são egoístas e focados apenas em servir a nós mesmos. Enquanto você se prepara para *CAPTEar* o seu Propósito no Reino, certifique-se de que sua conexão com Deus não está interrompida.

Jesus fez uma descrição verbal desse conceito quando disse: "Eu sou a videira; vocês são os ramos. Se alguém permanecer em mim e eu nele, esse dará muito fruto; pois sem mim vocês não podem fazer coisa alguma" (Jo 15.5). Ele deixa muito claro que nossa escolha está entre nos ligarmos a Deus e sermos frutíferos, ou não nos ligarmos e não fazermos nada que tenha significado para a eternidade. Você quer ser frutífero, ou não fazer nada?

Confesso que tenho a tendência de correr na frente de Deus, mas a verdade é que não podemos ultrapassá-lo. Precisamos gastar tempo com ele para aprendermos a confiar nele em tudo. Precisamos mergulhar na Palavra de Deus e permitir que ele nos fale por seu intermédio. Precisamos passar tempo em comunhão com ele em oração, não apenas *falando*, mas *ouvindo* o que ele tem a dizer.

A Bíblia diz: "Confie no Senhor de todo o seu coração e não se apóie em seu próprio entendimento; reconheça o Senhor em todos os seus caminhos, e ele endireitará as suas veredas" (Pv 3.5,6). Quanto mais confiamos em Deus, entregando continuamente a vida a ele, mais ele revela o que tem para nós e mais somos capazes de obter essa sabedoria, independentemente de nosso passado.

Isso me lembra um bilhete que recebi de Patty, que participava de um seminário sobre FORMA. Ela escreveu:

> Sei que estamos neste processo de descoberta só há uma semana, mas já sinto uma sensação de pânico crescendo dentro de mim. Eu luto seriamente com um passado vergonhoso, baseado no desempenho, que me levou a viver para agradar a todas as pessoas a maior parte de minha vida. Estou com 51 anos. Criei três lindos filhos. Há três anos meu marido pediu o divórcio, depois de dezoito anos de lutas num casamento bastante difícil. Freqüentei a igreja de forma bem inconstante por mais de doze anos (bem de vez em

quando). Passei por doze anos de terapia para me curar de um passado muito difícil e, nisso tudo, tenho permanecido uma pessoa profundamente fiel.

Neste exato momento estou muito sozinha. Não, não participo de nenhum pequeno grupo por várias razões e acho que a principal é porque estou apavorada. Com exceção dos meus filhos, a quem vejo uma ou duas vezes por semana e algumas pessoas com quem me encontro casualmente por causa de outras atividades, estou realmente só.

Decidi participar do seu seminário porque sinceramente não sei o que fazer com o restante da minha vida. Na maior parte do tempo, ela é sem graça, sem direção e terrivelmente solitária. Tentei fazer a lição de casa, e simplesmente não me veio nenhuma resposta. Nunca me senti tão perdida...

Não sei exatamente o que quero. Orações por uma direção mais clara e paz seriam bem-vindas. Um *e-mail* de Deus ajudaria, mas não espero por isso! Acho que só preciso de algum encorajamento, talvez alguém que me diga que uma boa coisa é parar e não fazer mais nada depois de uma corrida pela vida a 200 quilômetros por hora durante cinquenta e tantos anos.

Encorajei Patty dizendo a ela que Deus estava agindo em suas circunstâncias, mesmo difíceis como eram, para prepará-la para seu Propósito no Reino. Sugeri que a melhor coisa que ela podia fazer era colocar Deus no centro e permitir-se ser aquilo que Deus tinha em mente, para que então ela pudesse começar a se apropriar do que Deus tinha para ela. Enquanto escrevo aqui, ela está começando a compreender o seu Propósito no Reino, e isso porque ela estabeleceu uma forte conexão com Deus.

Um forte vínculo com Deus é essencial se vamos experimentar tudo o que ele reservou para nós. Foi por isso que pedi que você fizesse um inventário de sua vida para submeter tudo que o estava distraindo e retardando no cumprimento do seu Propósito no Reino.

A Bíblia diz: "Tal é a confiança que temos diante de Deus, por meio de Cristo. Não que possamos reivindicar qualquer coisa com base em nossos próprios méritos, mas a nossa capacidade vem de Deus" (2Co

10. PROPÓSITO NO REINO

3.4,5). Assim como Patty, você precisa ser verdadeiro e sensível com Deus sobre sua vida. Ele conhece todas as coisas, mas quer que você gaste tempo falando com ele a respeito de suas frustrações e fracassos e sobre qualquer pecado que obstrua a sua ligação com ele e o distancie do seu poder.

Todos nós pecamos e nos afastamos de Deus. A chave é admitirmos a Deus que perdemos o seu alvo para nós. "Se confessarmos os nossos pecados, ele é fiel e justo para perdoar os nossos pecados e nos purificar de toda injustiça" (1Jo 1.9). Quando confessamos, Deus graciosamente nos permite começar tudo de novo, mesmo que não mereçamos isso. Ele nos perdoa porque o próprio Jesus já pagou o preço pelo nosso pecado.

Depois de ter cometido adultério com Bate-Seba, Davi clamou: "Tem misericórdia de mim, ó Deus, por teu amor; por tua grande compaixão apaga as minhas transgressões. Lava-me de toda a minha culpa e purifica-me do meu pecado" (Sl 51.1,2). Qualquer que seja o pecado que você tenha cometido, grande ou pequeno, Deus quer que você o confesse a ele para que a sua conexão com ele fique sem interrupções. Existe algo em sua vida que você precisa confessar a Deus e assim ficar de bem com ele? Se existe, confesse-o agora.

Depois de levar os assuntos diretamente a Deus, celebre a sua bondade! O apóstolo Paulo nos exorta: "Alegrem-se sempre no Senhor. Novamente direi: Alegrem-se!" (Fp 4.4). Quando passo tempo com Deus, gosto de começar me alegrando na sua graça e bondade. Quero que ele saiba o quanto aprecio todas as bênçãos que ele derramou em minha vida.

Esse é um bom momento para você louvar a Deus. Reserve alguns minutos para redigir uma lista de motivos para se "gabar", gabar-se em Deus por tudo o que ele fez e está fazendo em sua vida.

Ó Deus, agradeço-te por...

_____

_____

_____

Passo nº 2: Aceite seu Sonho de Reino

Agora que sua conexão com Deus é constante e sem interrupções, o segundo passo é aceitar o seu Sonho de Reino. Tudo começa com um sonho.

No dia 28 de agosto de 1963, nas escadarias do Lincoln Memorial na cidade de Washington, capital norte-americana, Martin Luther King Jr. pronunciou seu famoso discurso "Eu tenho um sonho". Aquele sonho mudou um homem, que mudou uma cidade, que mudou um estado, que mudou uma nação. Todas aquelas coisas surpreendentes começaram com um homem comum que estava conectado com Deus e que permitiu que a voz do Senhor o conduzisse. Deus quer fazer o mesmo com você. O seu Sonho de Reino é o fundamento do seu Propósito no Reino.

Você está vivendo o seu Sonho de Reino, ou está apenas vivendo? Bruce Wilkinson diz em seu livro *O doador de sonhos*: "Não importa para onde eu viaje no mundo, tanto entre ocupadíssimos urbanóides de Manhattan como entre aldeões tribais na África do Sul, ainda estou para encontrar pessoas que nunca tiveram um sonho. Talvez elas nem consigam descrevê-lo, podem até tê-lo esquecido. Podem não acreditar mais nele. Mas ele está lá".[1]

Eu poderia mencionar centenas de pessoas que sentem ter um sonho em seu íntimo. E ele pode estar tão profundamente que acaba ficando enterrado, mas, como disse Wilkinson, "ele está lá". Algumas pessoas têm medo de aceitá-lo, assustam-se só de pensar em ir atrás dele. Outros estão ansiosos para agarrá-lo. Deus quer que o agarremos. Quando fizermos, Deus poderá expandi-lo para ser tudo o que ele planejou.

E o Sonho de Deus para você é muito mais maravilhoso do que você imagina. A Bíblia diz que Deus "...é capaz de fazer infinitamente mais do que tudo o que pedimos ou pensamos" (Ef 3.20).

Quando você compreender o que esse versículo está realmente dizendo, ficará sem palavras, assombrado, mas grato. Deus está nos dizendo bem alto: "Sonhe grande! Pense de maneira prática! Venha com o

10. PROPÓSITO NO REINO

maior Sonho de Reino que você puder, e eu o multiplicarei muito além da sua mais prodigiosa imaginação!" O plano e o desejo de Deus é produzir uma colheita de frutos surpreendentemente abundante da sua pequena árvore. Cabe a você, contudo, dar espaço para que a sua visão cresça.

Parece que toda realização significativa para Deus começa como uma idéia na mente de uma pessoa, um sonho, uma visão ou um objetivo.

No livro *Good to Great* [Do bom para o ótimo], Jim Collins desafia seus leitores a estabelecer uma "grande e cabeluda meta audaciosa". Jim escreve:

> Uma meta assim envolve, atinge e fisga as pessoas. Ela é tangível, enérgica, altamente focada. As pessoas as "captam" imediatamente; ela precisa de pouca ou nenhuma explicação. Por exemplo, a missão à lua na década de 1960 não precisou de uma comissão gastando horas intermináveis para estabelecer o objetivo em palavras rebuscadas, impossíveis de serem lembradas, que expressassem a "declaração de missão". O objetivo em si era muito fácil de compreender, tão convincente em seu próprio direito, que poderia ser dito de cem maneiras diferentes e ser facilmente compreendido por todos. Quando uma expedição parte para escalar o monte Everest, não é preciso uma declaração de missão de três páginas para explicar o que é o monte Everest. A maior parte das declarações de empresas que temos visto pouco fazem para criar movimento porque elas não contêm o poderoso mecanismo de uma grande e cabeluda meta audaciosa.[2]

Captar uma visão do tamanho de Deus, dá ao Senhor a oportunidade de fazer algo surpreendente em você e através de você.

Chip Ingram destaca em seu livro *Holy Ambition* [Santa Ambição], o que é uma visão dada por Deus:

> Visão é enxergar todo o panorama. É um peso dado por Deus para enxergar em que uma pessoa, um lugar ou uma situação podem se transformar se a graça e o poder de Deus forem derramados sobre

eles. Isso é que é visão. Visão não é o seu cérebro trabalhando de maneira diferente de outra pessoa. Significa apenas que algo acontece dentro de você e por isso você vê as coisas de forma diferente. A visão quase sempre se dá em torno de algum peso ou necessidade e, como resultado, começa-se a enxergar mães solteiras ou crianças abusadas ou uma situação no ambiente de trabalho ou algo em sua casa que precisa e pode ser mudado. A visão tem também um "como" e vê o objetivo realizado. Isso é visão![3]

"Podemos ver como isso funcionou na vida de Neemias", continua Chip. "Quando Neemias orou, pediu a Deus: 'O que queres que eu faça?' Não se sai às pressas, fazendo coisas sem pensar. Você busca uma palavra de Deus, reivindica promessas das Escrituras, deixa Deus trabalhar em você". Chip conclui:

> O capítulo 1 de Neemias começa com uma pessoa. Todos os grandes movimentos também começam com uma pessoa. Quando Deus faz algo grande, ele começa com uma pessoa que tem uma idéia, um sonho, uma visão. Por isso, a verdadeira pergunta não é: "O que uma pessoa pode fazer?", mas "Estou disposto a ser a pessoa que Deus usa para fazer diferença no meu mundo?"

A Bíblia diz: "Deleite-se no SENHOR, e ele atenderá aos desejos do seu coração" (Sl 37.4). Quando Deus está no centro de nossa vida, nossos sonhos e desejos serão para ele, e é por isso que ele os concede. Sujeitar-se a Deus não é uma opção para quem quer as bênçãos de Deus sobre cada área da vida.

O seu Sonho de Reino é sua mensagem para compartilhar com o mundo pelo Mestre. Rick Warren chama isso de "mensagem de vida". Ele diz:

> Sua mensagem de vida inclui compartilhar sua paixão pelas coisas de Deus. Nosso Deus é um Deus apaixonado. Ele *ama* apaixonadamente algumas coisas e apaixonadamente *detesta* outras. À medida que você se torna íntimo do Senhor, ele o faz sentir uma paixão por algo que realmente importa para ele, de modo que você

10. PROPÓSITO NO REINO

possa ser seu porta-voz no mundo. Pode ser uma paixão por um tipo de problema, por um princípio ou por um grupo de pessoas. O que quer que seja, você se sentirá compelido a falar a esse respeito e a fazer o que estiver a seu alcance para mudar a situação.[4]

Assim, a pergunta se torna: **"Que sonho, visão ou mensagem você sente que Deus o está incomodando a alcançar para ele e que você não conseguiria realizar sem ele?"**

Não comece preocupando-se com suas finanças ou temores. Permita-se ter sonhos arriscados, porque, como diz a Bíblia: "O que é impossível para os homens é possível para Deus" (Lc 18.27). Se Deus está conduzindo você a fazer algo por ele, será que ele não vai cuidar também dos detalhes? Não se distraia com os "problemas". O seu papel é apropriar-se do sonho que Deus colocou em seu coração e confiar que ele torna possível o impossível. Quero encorajá-lo a olhar os comentários que fez no capítulo três (Opções do coração) enquanto reflete sobre isso.

Uma palavra de cautela: Deus não define "grande" da mesma maneira que a maioria de nós. A sociedade entende grande como quantidade, possuir o maior título, a maior conta bancária, a maior casa. Deus, entretanto, define "grande" por *qualidade*. A qualidade é vista por Deus em nossa forte conexão com ele, nossa profunda dedicação a seus propósitos, nossa fé inabalável e nossa clara convicção de servi-lo em nossa geração.

Só existe uma Madre Teresa de Calcutá, um Rick Warren, um Billy Graham. Mas existem milhões de servos, pessoas como você e eu, criados por Deus para realizar, cada um, seu Propósito no Reino por meio de uma FORMA exclusiva.

Você já gastou tempo sonhando em como causar o maior impacto para Deus com sua vida? Tente! Você descobrirá que pode encher dez páginas como John Baker fez ao sonhar com o ministério Celebrando a Recuperação, ou o seu sonho pode ser uma única frase. O meu Sonho de Reino pessoal é: *Eu sonho em ser usado por Deus para capacitar cada cristão no mundo a encontrar e cumprir o seu exclusivo Propósito no Reino, aceitando e expressando sua FORMA na vida.*

Comece pensando em algumas palavras para descrever seu sonho, em vez de páginas ou até mesmo algumas frases. Aqui está uma lista de frases que ouvi de pessoas enquanto elas tentavam causar maior impacto por Deus com suas vidas:

- Eu sonho em financiar iniciativas do Reino que ajudem pessoas na pobreza.
- Eu sonho em formar e liderar equipes para um ministério eficaz.
- Eu sonho em impactar crianças através da música.
- Eu sonho em criar beleza que conduza pessoas a Jesus.
- Eu sonho em fortalecer casamentos com a Palavra de Deus.
- Eu sonho em treinar pessoas a ter uma vida com propósitos para Deus.
- Eu sonho em começar e liderar uma igreja que alcance a geração emergente.
- Eu sonho em colher almas para Deus.
- Eu sonho em ensinar as Escrituras a adolescentes.
- Eu sonho em despertar em todos os jovens a paixão pelo Reino.
- Eu sonho em liberar o potencial da obra de Deus nas pessoas a meu redor.
- Eu sonho em compartilhar o amor de Deus em outros países.
- Eu sonho em promover recursos para o crescimento do Reino.
- Eu sonho em vencer a pobreza do mundo para Deus.
- Eu sonho em orientar crianças que foram abusadas.
- Eu sonho em gerenciar pessoas e processos para a eficácia do Reino.
- Eu sonho em ajudar a simplificar a vida com ferramentas práticas.
- Eu sonho em restaurar a esperança a pessoas feridas.

10. PROPÓSITO NO REINO

- Eu sonho em ajudar, com o amor de Jesus, pessoas a superar vícios.
- Eu sonho em mentorear moças.
- Eu sonho em suprir as necessidades materiais dos que estão em dificuldade financeira.
- Eu sonho em inspirar homens a viver uma vida espiritual.
- Eu sonho em capacitar pessoas a ter estilos de vida saudáveis.
- Eu sonho em desenvolver ferramentas que ajudem as pessoas a chegar mais perto de Deus.
- Eu sonho em escrever histórias que inspirem adolescentes a seguirem a Deus.
- Eu sonho em ajudar os outros a crescer espiritualmente.

Quando você se permite sonhar pelo Reino de Deus, não se preocupe com o tamanho do seu sonho. Em vez disso, concentre-se em seu valor, servindo ao povo de Deus na sua geração para a glória de Deus!

Agora, coloque parte do seu sonho num papel. Lembre-se, o seu sonho é um retrato do futuro, algo bem no fundo que você tem desejado para a glória de Deus. Pode ser útil conversar sobre isso com os membros da sua Equipe de Treinamento FORMA. Por que não sonhar juntos para Deus?

- Eu sonho com o dia em que Deus vai me usar para que minha contribuição significativa no Reino aconteça por meio de...

_____

_____

_____

- Isto me fará *depender* totalmente de Deus:

_____

_____

- Isto me fará *mostrar* totalmente o amor de Deus a outros:

_____

_____

_____

Passo nº 3: Promova seu Ponto de Eficiência

Até aqui, você já gastou bastante tempo avaliando a FORMA que Deus lhe deu. Descobriu que dons recebeu, pelo que está apaixonado e o que faz naturalmente bem. Identificou o seu estilo de personalidade e percebeu um amplo leque de experiências que podem ser usadas para Deus. Agora é tempo de pôr tudo no liquidificador e ver o que Deus fará com tudo isso.

Quando você alinhar a sua FORMA com o seu Sonho de Reino, estará operando dentro do Ponto de Eficiência dado por Deus.

No mundo dos esportes, o "ponto de eficiência" é o ponto na chuteira, na raquete de tênis ou no taco de golfe que bate a bola com a máxima eficiência e com pouco ou nenhum efeito negativo. Tocar o ponto de eficiência é uma das razões pelas quais esportistas como Pelé, Andre Agassi e Tiger Woods sempre se destacaram por mover-se com tão pouco esforço, e ao mesmo tempo com tanta força.

Deus também projetou você com um Ponto de Eficiência. É a área na qual a sua FORMA melhor se expressa, e ela quase sempre pode ser reconhecida por aqueles momentos quando outros fazem comentários sobre a sua habilidade especial em fazer algo. Quando você opera nessa área, assim como Pelé, Agassi e Woods, você é eficiente e eficaz. O mais importante é que, quando você está servindo outros em seu Ponto de Eficiência, sente pouca ou nenhuma força negativa em sua vida porque você é o que Deus planejou.

A Bíblia diz isso da seguinte forma:

> Deus deu a cada um de nós a habilidade de fazer bem determinadas coisas. Assim, se Deus deu a vocês a capacidade de profetizar,

10. PROPÓSITO NO REINO

então profetizem sempre que puderem — tantas vezes quantas a sua fé seja bastante forte para receber uma mensagem de Deus. Se tiverem o dom de prestar serviço a outros, então sirvam bem. Se alguém é professor, faça um bom trabalho de ensino. Se é pregador, veja que os seus sermões sejam enérgicos e proveitosos. Se Deus lhes deu dinheiro, ajude outros com generosidade. Se Deus lhes deu capacidade administrativa e os fez responsáveis pelo trabalho dos outros, tomem esse encargo com seriedade. Aqueles que levam consolo aos entristecidos, devem fazê-lo com disposição cristã (Rm 12.6-8, BV).

O seu Ponto de Eficiência está localizado onde as várias partes da sua FORMA (dons, habilidades, personalidade e experiências) cruzam com o seu Sonho de Reino (opções do coração). A intersecção de virtudes e paixões cria quatro quadrantes, como no diagrama a seguir. Cada quadrante representa uma pergunta-chave para a sua vida, cujas respostas o ajudam a definir o seu exclusivo Propósito no Reino.

Virtudes ↖   ↗ *Paixões*

- Que virtudes seu Sonho de Reino requer? (dons/habilidades)
- Como você irá realizar o seu Sonho de Reino? (personalidade e experiências)
- Quem será impactado por seu Sonho de Reino? (opções do coração)
- A que necessidades o seu Sonho de Reino atenderá? (opções do coração)

Vamos analisar um pouco mais cada uma dessas perguntas.

Que virtudes o seu Sonho de Reino requer?

Existem coisas que você gosta de fazer. Elas vêm com tanta naturalidade que nem parecem trabalho. E a alegria que essas tarefas trazem é toda a recompensa de que você precisa. Pode ser algo que você faça no trabalho, mas não necessariamente. Já conheci muitas pessoas em muitas profissões, e, na minha experiência, bem poucas pessoas fazem o que realmente gostam de fazer em seu local de trabalho.

Felizmente, Deus nos deu uma contribuição a fazer, independentemente de nossa ocupação. Seja o que for que você goste de fazer, ir atrás disso permitirá que suas paixões fluam livremente para Deus. Ele pode usar todas elas, de treinar a cozinhar, de liderar a ouvir, de dançar a projetar, de supervisionar a cantar, de calcular a aconselhar.

Com o objetivo de ajudá-lo a avaliar suas virtudes, veja o que você respondeu nas seções Formação espiritual e Recursos pessoais, no Apêndice 1, "FORMA para o Perfil de Vida" (págs. 251 a 253). Use o que você escreveu lá para completar a lista a seguir.

Dar um passo de fé com Deus para realizar o meu Sonho de Reino permitirá que eu expresse os seguintes dons espirituais e habilidades:

- _____
- _____
- _____
- _____
- _____

Quem será impactado por seu Sonho de Reino?

Deus se interessa por pessoas, então o Sonho de Reino que você tem apontará para um público-alvo específico a ser alcançado para a glória dele. Podem ser idosos ou executivos, crianças ou enfermeiras, cristãos ou não-cristãos, jovens ou adultos, homens ou mulheres, líderes ou solitários. Todos nós temos um público-alvo. Quem o seu Sonho de Reino alcançará para Deus? Vá até a seção Opções do coração, no Apên-

10. PROPÓSITO NO REINO

dice 1 (págs. 251 a 252). Use o que você escreveu lá para preencher a lista a seguir.

Dar um passo de fé com Deus para realizar o meu Sonho de Reino permitirá que eu alcance e ajude o(s) seguinte(s) grupo(s) de pessoas

- _____
- _____
- _____
- _____
- _____

A que necessidades o seu Sonho de Reino atenderá?

Deus quer que usemos o que ele nos deu para atender a necessidades específicas na vida de outros. A Bíblia diz:

> Bendito seja o Deus e Pai de nosso Senhor Jesus Cristo, Pai das misericórdias e Deus de toda consolação, que nos consola em todas as nossas tribulações, para que, com a consolação que recebemos de Deus, possamos consolar os que estão passando por tribulações (2Co 1.3,4).

Uma vez encontrado o seu Ponto de Eficiência e iniciado o uso de suas habilidades para a obra de Deus, o seu maior desafio provavelmente será o de refrear. Em seu entusiasmo, você terá vontade de sair em todas as direções para atender a todos os tipos de necessidades. É importante perceber e concentrar-se especificamente nas áreas as quais Deus pede para *você* atender: espiritual, relacional, física, emocional, educacional, vocacional ou outra. Felizmente, Deus dá o dom de discernimento para ajudar a identificá-las. Se você não tiver esse dom, encontre alguém em sua Equipe de Treinamento FORMA que tenha.

É importante compreender que existem diferentes tipos de necessidades que podemos suprir como servos de Deus.

Algumas necessidades, por exemplo, são necessidades *compartilhadas*, as que suprimos por servirmos a um Mestre amoroso. Jesus disse: "E se alguém der mesmo que seja apenas um copo de água fria a um destes pequeninos, porque ele é meu discípulo, eu lhes asseguro que não perderá a sua recompensa" (Mt 10.42). Necessidades *específicas*, por outro lado, são aquelas pelas quais somos pessoalmente apaixonados em suprir. Vá às seções Opções do coração e Áreas de experiência, no Apêndice 1 (págs. 251 e 253). Use o que você escreveu lá para responder à seguinte lista de verificação:

Dar um passo de fé com Deus para realizar o meu Sonho de Reino permitirá que eu ministre a outros ao atender a necessidades de ordem:

- ❏ Espiritual
- ❏ Relacional
- ❏ Física
- ❏ Emocional
- ❏ Educacional
- ❏ Vocacional
- ❏ Outra: _____

Como você irá realizar seu Sonho de Reino?

Deus inspirou em você um Sonho de Reino com coisas que você ama fazer e atende a necessidades de pessoas que ele colocou em seu coração. A última coisa que você precisa determinar é como fará isso na prática. É importante identificar o *serviço* que você prestará e o cenário em que você atuará. Você descobrirá essas duas coisas por meio de suas virtudes, personalidade e experiências.

Mais especificamente, vá novamente até os retratos positivos que pintou no capítulo seis. Quais as experiências que lhe foram extremamente recompensadoras e como elas podem ajudá-lo a compreender melhor como expressar o seu Sonho de Reino? Além disso, lembre-se de como Deus projetou você para se relacionar com outras pessoas e para responder às oportunidades.

Seu serviço — São atos de serviço amoroso a seu grupo-alvo por meio dos dons espirituais e habilidades que você listou acima. Agora é o

10. PROPÓSITO NO REINO

momento de ser mais específico. Por exemplo, se você selecionou ensinar, que tipo de ensino será? Se selecionou encorajamento, como você vai encorajar? Se selecionou aconselhamento, como fará isso e para quem? Se selecionou escrever, que tipo de literatura você vai oferecer?

Use o espaço a seguir para juntar idéias de algumas maneiras específicas para servir seu grupo-alvo.

- _____
- _____
- _____
- _____
- _____

Seu cenário — Uma vez definido como o seu serviço pode ser usado para ajudar outros, você precisa decidir o cenário que o possibilitará causar impacto máximo. Alguns de nós nos sentimos mais à vontade no trabalho corpo-a-corpo, enquanto outros trabalham melhor em equipe; outros ainda gostam da intensidade de estar "no palco".

Por exemplo, se ensino é o serviço que você vai oferecer, você precisa identificar a melhor maneira de ensinar. A chave aqui é impulsionar personalidade e experiências. Se você tem experiência comprovada de ensino usando um tablado, pense em formas de usar essa experiência com seus dons e habilidades para atender às necessidades do seu grupo-alvo.

Algumas personalidades adaptam-se melhor em servir a Deus em cenários menores, como no trabalho um-a-um ou em pequenos grupos. É muito, muitíssimo importante conhecer a si mesmo para tomar decisões vitais a respeito do seu futuro. Deus conhece você melhor do que ninguém. Por isso, ouça as orientações dele. Saiba quando é ele que lhe toca o coração, e quando são apenas os seus próprios desejos.

Vá agora até as seções Modo de ser e Áreas de experiência, no Apêndice 1 (págs. 252 e 253). Use o que você escreveu lá para preencher a lista a seguir.

Eu sinto que o melhor cenário para eu começar a expressar meu Sonho de Reino é:

- _____
- _____
- _____
- _____
- _____

Sua declaração de Propósito no Reino

Lembra-se do Steve no começo deste capítulo e da frase que lhe pedi que completasse no quadro do meu escritório? Depois de alguns meses de oração e de experimentar várias oportunidades de serviço, ele conseguiu afinar sua "Declaração de Propósito no Reino".

Ele escreveu: *Deus me fez...* um líder e consultor motivado, totalmente focado em compartilhar o amor de Deus com executivos... *e quando eu...* os ajudo a aprimorar suas habilidades de comunicação/apresentação, Deus abre portas para compartilhar meu testemunho, e, quando o faço, ... *sinto que ele fica satisfeito.*

Como você pode ver, Steve tem o dom de liderança, habilidades naturais de treinar e atuar como consultor, e paixão em impactar executivos; ele deseja variedade, valoriza pessoas e quer ajudar outros, tanto vocacional como espiritualmente. Tudo isso resultou do seu Ponto de Eficiência. Tudo isso se alinha completamente com seu Sonho de Reino: o de compartilhar o amor de Deus com tantas pessoas quanto possível entre os executivos do país.

Agora é a sua vez. Considerando tudo o que você aprendeu neste livro e tendo preenchido os exercícios anteriores neste capítulo, Deus permitiu graciosamente que você comece a definir o seu Propósito no Reino? Você poderia preencher os dois espaços daquela frase? Resuma, no espaço a seguir, quem Deus planejou que você fosse, e o que Deus está chamando você a fazer em favor dele.

10. PROPÓSITO NO REINO

Deus me fez...

_____
_____
_____
_____
_____

E quando eu...

_____
_____
_____
_____
_____

... sinto que ele fica satisfeito.

_____
_____
_____
_____
_____

O que você acabou de escrever é um esboço do seu exclusivo Propósito no Reino! Como sua Declaração de Propósito no Reino se alinha com seu Sonho de Reino e o ajuda a se realizar? Essa é uma boa pergunta a ser respondida com algumas pessoas-chave de sua Equipe de Treinamento FORMA. Enquanto estiver buscando ajuda e sabedoria de outros e experimentando várias áreas de ministério, você inevitavelmente irá refinar essa declaração. Aliás, a minha própria declaração teve provavelmente centenas de alterações nos anos em que tenho caminhado com Deus.

Passo nº 4: Tenha em vista a busca da sabedoria

Para começar a expressar fielmente seu Propósito no Reino e a realizar o seu Sonho de Reino, você precisará de pessoas em sua vida que o animem, desafiem e aconselhem. A Bíblia fala de cada um desses papéis.

O escritor de Hebreus diz que nos devemos encorajar mutuamente: "Ao contrário, encorajem-se uns aos outros todos os dias, durante o tempo que se chama 'hoje', de modo que nenhum de vocês seja endurecido pelo engano do pecado" (Hb 3.13).

O livro de Provérbios diz que devemos permitir que outros nos desafiem: "Assim como o ferro afia o ferro, o homem afia o seu companheiro" (Pv 27.17).

Você precisará de sábios conselhos para se manter na trilha. A Bíblia alerta-nos a não esperar que a velhice chegue para então adquirirmos sabedoria. O conselho bíblico é que a obtenhamos hoje: "O conselho da saberia é: Procure obter sabedoria" (Pv 4.7a). A Palavra de Deus também nos diz que a sabedoria é dada aos que buscam ajuda: "O orgulho só gera discussões, mas a sabedoria está com os que tomam conselho" (Pv 13.10). Você recebe sabedoria por intermédio de conselhos espirituais de cristãos experientes. C. S. Lewis observou: "A melhor maneira para alguém se tornar sábio é viver entre os sábios".

Quais as três pessoas da Equipe de Treinamento FORMA de quem você buscará sabedoria quando começar a expressar o seu Propósito no Reino?

1. _____
2. _____
3. _____

10. PROPÓSITO NO REINO

Peça a essas três pessoas para avaliar o seu Propósito no Reino para ter certeza de que ele fará você *depender* totalmente de Deus, de que fará você *mostrar* seu amor aos outros e *desenvolver* a FORMA que ele lhe deu.

Se você se sente incapaz de dizer sim a esses requisitos de um Propósito no Reino, então volte ao passo número 1. Se você pode dizer sim, ótimo! Desfrute o planejamento de seus passos em direção à realização.

Passo nº 5: Examine

Enquanto você se prepara para planejar seus passos no sentido de assumir e expressar seu exclusivo Propósito no Reino, permita-me encorajá-lo a um *test-drive*. É durante esse tempo que você começa a descobrir "onde" melhor pode expressar e realizar o seu Propósito no Reino.

Ao comprar um carro, é comum você ter a oportunidade de fazer um *test-drive* com ele, para ver se é o carro certo para você e se ele não tem nenhum problema. O mesmo é verdade quando você dá o primeiro passo para compreender plenamente o seu Propósito no Reino. À medida que o testa, você pode achar que depois de cinco minutos ele é adequado a você. Entretanto, o processo de refinamento pode demorar muito mais. Para mim, levou mais de cinco anos de experimentação em várias oportunidades de serviço para, finalmente, compreender o que Deus me pedia para fazer em seu favor com a FORMA que ele me deu. Descobri em minha jornada com Deus que ele abençoa um alvo móvel.

Outro importante benefício de fazer o *test-drive* é que ele irá selar o seu compromisso em fazer aquilo para o qual você foi planejado. Gosto muito de como Bill Hybels fala sobre o assunto.

As pessoas que decidem servir na missão de Deus enquanto ele lhes conceder respirar... quase sempre se lembram de um momento específico de serviço que selou o compromisso delas. "Naquele momento", dizem elas, "eu senti que estava sendo usado pelo Deus do céu e da terra, e descobri que não existe nada no mundo igual àquilo. Isso supera tudo o que já experimentei!" Seja ensinando uma criança a orar, levando alguém à fé, ajudando um casal a se reconciliar, servindo refeição a um desabrigado, seja produzindo uma fita de áudio que leva a mensagem cristã a alguém, elas sabiam que depois daquilo suas vidas nunca mais seriam as mesmas.[5]

Bill continua: "Se eu precisasse resumir a chave para encontrar a área perfeita de serviço, eu o faria em uma palavra: experimentar".

Quando você inicia um *test-drive* e experimenta várias oportunidades, deve começar devagar e pequeno, mas deve COMEÇAR! Não fique sentado esperando pela oportunidade perfeita... entre de cabeça e faça o teste começando a servir e abençoar os outros.

Tenho visto muitas pessoas atingir esse ponto no processo e, com grande entusiasmo, decidir começar grandes coisas sem fazer uma experiência primeiro. Algumas saíram do emprego, mudaram para outros estados e venderam suas casas sem muita oração nem confirmação. Se esse é o seu caso, peço que você ore todos os dias durante os próximos noventa dias, pedindo esclarecimento e confirmação a Deus. Além disso, certifique-se de que sua Equipe de Treinamento FORMA concorda cem por cento com seu grande começo. Comece pequeno, a menos que sinta a direção do Senhor e o apoio de sua equipe para agir de forma diferente.

Tenho visto pessoas que começam pequeno terminarem firmes e fiéis ao que Deus está pedindo delas. A Bíblia diz: " 'Muito bem, meu bom servo!', respondeu o seu senhor. 'Por ter sido confiável no pouco, governe sobre dez cidades' " (Lc 19.17). Embora John Baker tenha vislumbrado uma enorme visão para o *Celebrando a Recuperação,* ele começou pequeno. A sua primeira reunião em 1991 tinha apenas 43 pessoas. Agora, quinze anos mais tarde, esse ministério atinge milhões de pessoas em vários países. John fez o que Bill Hybels encoraja os seguidores de Cristo a fazer: "Vá na direção da compaixão e Deus o encontrará lá".

10. PROPÓSITO NO REINO

Assim, enquanto você planeja seu *test-drive* de Propósito no Reino, concentre-se primeiro em fazer pequenos depósitos de compaixão na vida dos que estão a seu redor.

Eis algumas perguntas a serem consideradas para ajudá-lo a fazer o seu *test-drive*.

- Para quais duas pessoas você poderia fazer pequenos depósitos de compaixão nesta semana?

    1. _____
    2. _____

- Cite de três a cinco pequenos passos que você pode dar nos próximos noventa dias para começar a mostrar o amor de Deus de acordo com seu Propósito no Reino.

    1. _____
    2. _____
    3. _____
    4. _____
    5. _____

Após o *test-drive*, faça estas perguntas a si mesmo:

- *Consegui expressar o meu Ponto de Eficiência?* Se o seu *test-drive* exige que você sirva em algo fora do seu Ponto de Eficiência por longos períodos... mude de carro. Se ele se encaixa, continue dirigindo e desfrute a viagem.

- *A experiência fortaleceu minha vida?* Se o seu *test-drive* o deixa esgotado...mude de carro! Entretanto, se ele o deixa com uma incrível sensação de alegria, realização e entusiasmo, continue dirigindo e servindo.

- *A experiência permitiu a expressão do amor de Deus a outras pessoas?* Em caso afirmativo, continue dirigindo! Se Deus não recebeu a glória por suas ações, é hora de mudar de carro.

Existe ainda mais uma parte prática do negócio: priorizar a sua vida para garantir que o *test-drive* de seu Propósito no Reino aconteça.

As estatísticas mostram que, embora milhões de pessoas estabeleçam alvos para si todos os anos, menos de 3% delas os atingem em parte pelo fato de não pensarem em como esses alvos se encaixam em seus compromissos. Alguns de nós estamos tão ocupados que mal temos tempo para dormir, quanto mais para atingir alvos!

E você? Está resignado em fazer parte dos 97%, desgastando-se por mais um ano sem realizar o que se propôs a fazer? Todos nós temos o mesmo tempo para usar a cada semana: 168 horas. Você não pode esticar o tempo, não pode pegar tempo emprestado, não pode fazer tempo e não pode comprar tempo. Mas você pode *priorizar* o seu tempo.

Pense nos pequenos passos de fé que você acabou de escrever e determine quanto tempo será necessário para realizá-los. Por exemplo, se você acha que serão necessárias cinco horas no próximo mês para atingir esses objetivos, é preciso reservar essas horas. Você talvez até precise tirá-las de alguma outra atividade menos importante.

Olhe para sua agenda atual. O que você pode parar de fazer ou pode fazer com a ajuda de outra pessoa para se concentrar nos objetivos que você acertou com Deus?

Pergunte a si mesmo:

- Quanto tempo você irá gastar com seus pequenos passos de fé?
- Que dias da semana você reservará?
- Em que hora do dia você vai fazer isso?
- Quem o apoiará?

Organizando tudo

A seguir você encontrará espaço para começar a fazer o seu plano de 90 dias de Propósito no Reino: o que você fará durante seu *test-drive*,

10. PROPÓSITO NO REINO

quando fará e quem (de sua Equipe de Treinamento FORMA) o ajudará a fazê-lo.

Passos de fé (O quê?)	Agenda (Quando?)	Apoio (Quem?)

Para sua conveniência, reuni todos os exercícios-chave deste capítulo no Apêndice 2, "FORMA para o Planejamento de Vida", nas páginas 255 a 257. Mesmo que você tenha escrito algumas respostas enquanto lia este capítulo, resuma sua informação nas páginas indicadas.

Tempo esgotado!

Já abordamos um bom trecho juntos ao longo das últimas páginas. Se você parou para escrever as respostas aos vários exercícios enquanto lia (o que espero que tenha feito), é possível que numa vez ou noutra você tenha ficado sem saber responder. Isso é perfeitamente normal. As perguntas a respeito do Propósito de Reino vão à essência do que você é, e responder sempre requer muito tempo e reflexão profunda, sem mencionar oração. Leia novamente este material sempre que necessário, dando a si mesmo oportunidade de refletir e absorver cada ponto.

Abençoe a família da sua igreja

Craig sentou-se à minha frente, do outro lado da mesa, no meu escritório e disse:

— Erik, sinto que, se tenho que usar plenamente os dons e talentos que Deus me deu, preciso estar no ministério em tempo integral. Talvez eu deva ir para um seminário ou instituto bíblico e então estarei preparado para o ministério.

Na hora que se seguiu, Deus me usou para ajudar Craig a ver o quanto ele era especial e como ele poderia fazer diferença significativa sem mudar de profissão. O *e-mail* que recebi dele depois, dizia: "Depois da nossa reunião e de trabalhar alguns exercícios, Deus me mostrou que eu poderia fazer as coisas que ele planejou para mim agora, sem sair do meu emprego. E que eu poderia usar o meu emprego atual para sustentar o meu ministério na igreja".

De fato, o melhor lugar para começar a assumir e expressar o seu Propósito no Reino é a sua igreja. Talvez sua idéia possa tornar-se um ministério na igreja, e você tornar-se o líder, assim como Craig.

É muito encorajador poder expressar a FORMA que você recebeu de Deus em sua igreja local. É assim que Rick Warren define propósito de ministério em *Uma vida com propósitos* e em *Uma igreja com propósitos*.

Na Igreja Saddleback, existem mais de 200 ministérios que começaram com pessoas comuns como você, que abraçaram sua FORMA e *CAPTEaram* o serviço específico delas para Deus. Por causa da fidelidade dessas pessoas, esses maravilhosos atos de amor e serviço ministram a milhares de outras todas as semanas.

Se você já faz parte de uma igreja, compartilhe com seu pastor sua FORMA e seu Propósito no Reino e peça alguns bons lugares para continuar o seu *test-drive*. Pense também em dar a seu pastor um exemplar

10. PROPÓSITO NO REINO

deste livro (o Apêndice 4, nas páginas 261 a 263, é uma mensagem especial a pastores e líderes da igreja).

Se você ainda não participa de uma igreja local, encontre uma e certifique-se de que ela se dedica a garantir que cada membro use seus dons e habilidades por meio da FORMA exclusiva que recebeu de Deus.

Pronto!

Parabéns! Você começou a descobrir a FORMA especial que recebeu de Deus e a definir o seu específico Propósito no Reino com uma breve declaração.

Você avaliou sua vida e gastou tempo para abrir mão de todas as "inquietações" que distraem e retardam seu crescimento em direção à realização do divino propósito para ela.

Seus pensamentos e ações estão direcionados a refletir os de um servo. Você começou a montar uma equipe pessoal para apoiá-lo e ajudá-lo a ficar conectado com Deus e comprometido a realizar o seu Propósito no Reino. Você começou a agarrar o sonho dado por Deus para a glória dele.

Finalmente, você esboçou um plano de ação dirigido pelo Espírito Santo para fazer um *test-drive* do seu propósito, com o objetivo de potencializar para Deus o seu tempo aqui, tudo visando ao objetivo maior de usar sua vida para abençoar e servir outras pessoas.

Agora só resta uma coisa a fazer: investir a vida em ajudar outros a descobrir, cada um, sua FORMA exclusiva e propósito específico para a vida.

APLICANDO O QUE APRENDEU

Reflita no que aprendeu. O que você aprendeu a respeito de Deus neste capítulo?

_____
_____
_____
_____
_____
_____

Compreenda o que você recebeu. Descreva abaixo seu Ponto de Eficiência.

_____
_____
_____
_____
_____
_____

10. PROPÓSITO NO REINO

Peça ajuda de outros. Que livro(s) você poderia ler para ajudá-lo a obter o máximo do seu exclusivo Propósito no Reino?

_____

_____

_____

_____

_____

_____

Responda pela fé. Como o seu Propósito no Reino forçará você a depender de Deus para realizá-lo?

_____

_____

_____

_____

_____

_____

Capítulo 11

PASSANDO ADIANTE

Capacitando quem você ama e lidera

A quem muito foi dado, muito será exigido;
e a quem muito foi confiado, muito mais será pedido.
Lucas 12.48b

Mentorear é uma relação para a vida toda
na qual o mentor ajuda o protegido a alcançar
o potencial pleno que recebeu de Deus.
Bob BIEHL

11. PASSANDO ADIANTE

Invista sua vida.

Scott e Kasey, um casal do meu grupo de treinamento na igreja, acabavam de voltar de uma reunião anual com seu gerente de banco. Graças a alguns investimentos estratégicos de curto e longo prazo que haviam feito, eles esperavam uma sólida aposentadoria e a garantia das necessidades educacionais de seus filhos.

Era óbvio que Scott e Kasey tinham sido fiéis com as bênçãos financeiras que Deus lhes dera ao longo dos anos. Agora eles tinham a bênção de resolver como investi-las na vida dos filhos e no Reino de Deus. Eles queriam garantir que seus bens seriam usados em pessoas e propósitos que sobreviveriam a eles.

Este capítulo não trata de finanças, mas vou aplicar ao campo espiritual alguns princípios financeiros: investir em pessoas de Deus e nos propósitos divinos.

Assim como o plano financeiro de Scott e Kasey, o seu Plano de Investimento FORMA (como passar adiante o que você aprendeu deste livro) vai focar em ajudar as pessoas que você ama e lidera para que sejam tudo aquilo que Deus planejou que fossem.

O seu círculo de influência

Como selecionar as melhores pessoas para o seu Plano de Investimento FORMA? Sugiro começar com aquelas sobre as quais você tem alguma influência. Não é preciso estar numa posição oficial de liderança para ter influência sobre alguém. Sempre que uma pessoa pede ajuda, surge a oportunidade de influenciá-la. O autor Tim Elmore explica: "Tudo o que Deus lhe deu que o capacita a crescer e aprofundar o seu relacionamento com ele, pode ser transmitido como legado a outras pessoas".[1] Assuma essa responsabilidade seriamente. Aproveite ao máximo a oportunidade de investir na vida das pessoas que escolher.

Enquanto pensa em quem investir, comece com as pessoas mais próximas de você. Pode ser sua família, amigos, colegas de trabalho, colegas de classe ou pequeno grupo. Talvez você queira pensar de novo nas pessoas que fazem parte de sua Equipe de Treinamento FORMA (ver capítulo nove).

Coloque o seu nome no centro do Círculo de Investimento FORMA a seguir. Depois acrescente, ao redor dele, os nomes de pelo menos dez pessoas cuja vida você, de certa forma, influencia. Novamente, podem ser membros da família, vizinhos, amigos, colegas de trabalho e outros.

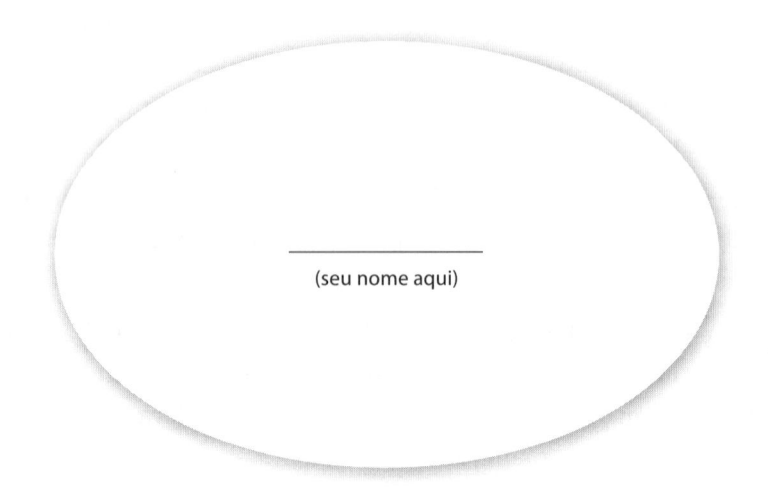

(seu nome aqui)

Níveis de influência

Agora que você começou a identificar as pessoas no seu Círculo de Investimento FORMA, é o momento de determinar seu nível de influência sobre elas. Isso, por sua vez, ajudará você a desenvolver uma estratégia de investimento.

Consideremos três níveis de influência: máxima, moderada e mínima.

1. *Influência máxima*: Exercida sobre pessoas nas quais a sua vida está mais profundamente investida. A palavra *máxima* aqui não dá a você o direito de ser invasivo ou controlador, nem lhe dá permissão para impor a elas todas as suas idéias, opiniões e convicções.

11. PASSANDO ADIANTE

"Máxima" é simplesmente um indicador. Para mim, esse grupo inclui minha esposa, filhos e amigos íntimos. E você? Com quem você acha que tem este nível de influência?

_____

_____

_____

2. Influência moderada: Exercida sobre pessoas a quem você tem a capacidade de falar a verdade. Normalmente, você "ganhou" essa liberdade como resultado de uma posição ou relacionamento passado. Para mim, esse grupo inclui alguns vizinhos, as pessoas com quem trabalho e os líderes com quem sirvo na Saddleback. E você? Com quem você tem este nível de influência?

_____

_____

_____

3. Influência mínima: Exercida sobre pessoas com quem você se encontra regularmente por razões de proximidade, profissão ou interesses pessoais, embora não compartilhem um nível de relacionamento muito profundo. Para mim, essa lista inclui minha vizinhança e as pessoas com quem tenho contato no ginásio de esportes. E você? Com quem tem este nível de influência?

_____

_____

_____

O seu Plano de Investimento FORMA

Como uma carteira de títulos financeiros bem equilibrada, um Plano de Investimento FORMA normalmente inclui investimentos de curto e longo prazo.

Como exemplo, eu esbocei o meu Plano de Investimento FORMA pessoal. Espero que ele lhe inspire em como aproveitar ao máximo os relacionamentos que Deus lhe deu.

■ ■ ■ ■

Amostra de investimento de curto prazo: Impactar as pessoas sobre as quais tenho influência moderada ou mínima.

■ ■ ■ ■

Investindo no trabalho

Andréa é uma jovem senhora extrovertida com enorme paixão por Deus e tremendo potencial na vida. Certa ocasião, contudo, ela perdeu a confiança. Suas habilidades e talentos deram-lhe boas oportunidades no trabalho, mas vozes do passado roubavam dela a capacidade de apenas *estar* com Deus. Algo em seu íntimo lhe dizia que o seu valor para Deus consistia em se manter ocupada. Através de uma série de investimentos relacionais, Andréa finalmente encontrou aquele lugar de descanso verdadeiro com o seu Criador. Sua conexão com Deus foi fortalecida e sua FORMA ficou mais clara.

Andréa é uma das pessoas maravilhosas em quem tenho a oportunidade de fazer investimentos de curto prazo na Igreja Saddleback. Meu papel ali me dá o privilégio de investir na vida de muitas pessoas incríveis que amam a Deus e gostam de servir seu povo. Embora o foco principal do que eu faço seja o desenvolvimento vocacional, Deus também me abre portas para ajudar pessoas no crescimento espiritual, relacional e emocional.

Por meio desses investimentos de curto prazo e com a orientação de Deus, tenho conseguido ajudar pessoas a descobrirem sua FORMA. O tempo que passamos juntos resulta na capacidade de compreendermos a tarefa de vida dada por Deus com maior clareza e confiança.

11. PASSANDO ADIANTE

Investindo na hora de lazer

Como representante de vendas de uma empresa de seguros de vida, o horário flexível de Tony dá a ele a oportunidade de sair na hora do almoço, na maior parte dos dias. Eu gosto de usar meu tempo de almoço para jogar basquete ou levantar pesos. Nossos caminhos cruzaram-se no ginásio de esportes, outro local onde encontro oportunidades de fazer investimentos de curto prazo.

A minha rotina no ginásio permite que eu construa mais do que algumas pontes de relacionamentos com homens que conhecem a Deus, e também com aqueles que não o conhecem. Tony ama a Deus, mas diz que é ocupado demais para servi-lo em qualquer aspecto externo. Eu o encorajei a descobrir sua FORMA e a começar entender o que ela significa para Deus. Conhecer sua FORMA, expliquei, o ajudaria a compreender como potencializar os dons recebidos de Deus. Pela graça e direção de Deus, Tony descobriu sua FORMA e agora está comprometido a usá-la para a glória de Deus.

John, por outro lado, ainda não conhece a Deus. Minha estratégia de investimento de curto prazo com ele inclui oração e usar "momentos de Deus" para compartilhar uma vida espiritual quando nossos caminhos se cruzam no ginásio. Meu objetivo é que John se converta a Jesus Cristo e comece a descobrir sua FORMA. Embora esse objetivo pareça distante agora, sempre que nos vemos procuro formas de plantar e regar as sementes da fé.

Uma de minhas formas favoritas de plantar sementes nas pessoas que encontro é dar a elas um exemplar de *Uma vida com propósitos*. Esse livro inovador quebrantou milhões de vidas, com sua clara resposta a uma das perguntas mais desconcertantes da vida: "Afinal de contas, por que estou aqui?". É uma pergunta que ultrapassa todas as barreiras da fé e tanto Tony como John procuram resposta para ela.

Quem estará na sua lista de plano de investimento de curto prazo? Anote a seguir os nomes de duas pessoas do seu círculo de investimento que precisam descobrir a FORMA que receberam de Deus e começar a assumir seu exclusivo propósito para a vida.

1. _____
2. _____

■ ■ ■ ■

Amostra de investimento de longo prazo: Impactar as pessoas a quem Deus me concedeu maior influência.

■ ■ ■ ■

Investindo no lar

"Vocês são incrivelmente especiais para Deus". Essa é a mensagem que invisto na vida de minha esposa e meus filhos. O meu amor por eles é o que me motiva a compartilhar essa mensagem com eles o quanto posso, mas os métodos que eu uso variam (veja o Apêndice 5: "Mensagem aos casais" e o Apêndice 6: "Mensagem aos pais").

Stacey é uma mulher maravilhosamente talentosa, cuja vida está completamente imersa em seu papel de mãe com excelência, e isso ela não trocaria por nada. Mas, de tempos em tempos, ela fica um pouco desencorajada. Ser mãe de filhos pequenos às vezes a faz sentir que não está fazendo o suficiente para fazer diferença. Embora sejam sentimentos legítimos, não devem afastá-la da importância do que está fazendo: moldando e formando três vidas jovens (sem falar da minha!). Quero que ela perceba o que disse D. L. Moody: "Existem muitos de nós que desejam fazer grandes coisas para o Senhor, mas poucos estão dispostos a fazer as pequenas coisas". Por isso, quando a vejo lutar com esses sentimentos, descubro que investir amor, encorajamento e oração resulta na mais alta recompensa.

Quando se trata da vida de meus filhos, confio numa combinação de oração, encorajamento e experiências. Um de meus alvos é orar por meus filhos todos os dias. Oro também por sabedoria para treiná-los no caminho do Senhor. Como todo pai cristão, desejo que eles sigam a Deus com coração obediente e amoroso, por isso tento fazer a minha parte em fazê-los chegar lá.

11. PASSANDO ADIANTE

O encorajamento é resultado de doses diárias de "vitaminas verbais", palavras que digo a meus filhos sobre Deus e sobre como são especiais para ele. Conversamos a respeito de serem o que Deus planejou, não o que seus amigos querem que eles sejam. Lemos a Bíblia juntos, procuramos versículos e capítulos que destacam essa verdade, como Efésios 2.10, Jeremias 29.11 e Filipenses 4.13.

Quero que meus filhos tenham várias experiências para descobrirem seus dons espirituais, opções do coração, recursos pessoais e personalidade. Embora nossos filhos sejam muito novos, Stacey e eu já podemos ver características singulares em cada um. O mais velho gosta de uma estrutura de rotina, enquanto os dois mais novos adoram a variedade.

A esta altura da vida, as experiências dolorosas de nossos filhos limitam-se a coisas como cair da bicicleta ou perder um privilégio em casa. Todavia, eles são obras-primas de Deus, que deu a cada um deles uma FORMA especial para servi-lo. Minha esposa e eu amamos investir tempo, amor e recursos na vida deles. Desejamos que tenham a alegria de conhecer e de usar tudo o que Deus lhes deu e de ver cada um fazendo diferença para Cristo enquanto viverem.

Se você foi abençoado com a oportunidade de ser pai ou mãe, o meu desafio a você é fazer agora o seu plano de investimento de longo prazo para que Deus possa ter uma boa colheita depois. James Dobson escreve: "Criar filhos que nos foram emprestados por um curto período de tempo excede em importância qualquer outra responsabilidade. Além disso, viver com essa prioridade quando os filhos são pequenos produz a maior de todas as recompensas na maturidade".[2]

■ ■ ■ ■ ■

Investindo no grupo

O meu pequeno grupo (também conhecido como grupo de treinamento), que freqüento com Stacey, é outro lugar onde faço investimentos de longo prazo por meio da combinação de encorajamento, desafio e aconselhamento.

Os cinco casais do grupo amam a Deus e querem honrar a ele e à FORMA que ele deu a cada um de nós enquanto caminhamos juntos. Nós realmente usamos o conceito FORMA para fortalecer nosso casamento e nossa paternidade.

Amo encorajar cada membro do meu pequeno grupo quando estamos juntos e particularmente em oração. Desejo que cada um deles abrace plenamente o seu projeto divino para poder viver com a clareza e a confiança que vêm somente do nosso Criador. Alguns no grupo têm feito isso, enquanto outros ainda estão a caminho desse objetivo.

Uma das formas pelas quais invisto na vida eterna do meu pequeno grupo é desafiando-o a assumir e expressar sua FORMA em nossas reuniões do grupo. Todos nós somos parte do corpo de Cristo e precisamos uns dos outros. Por exemplo, Kasey cuida dos pedidos de oração; Jeff, dos nossos projetos missionários; Stacey mantém o calendário social atualizado. Como você pode ver, somos melhores juntos!

Outra forma de encorajarmos uns aos outros é a oração. Estamos todos com filhos abaixo dos treze anos, o que demanda muito tempo e oração. Todos nós já vimos casais perderem o amor um pelo outro por se concentrarem demais nos filhos. Oramos constantemente uns pelos outros enquanto todos se esforçam para manter o equilíbrio adequado.

Outra forma de investimento mútuo é servir uns aos outros. Por exemplo, quando um casal sai para comemorar seu aniversário de casamento, outro toma conta de seus filhos. Quando minha esposa passou por uma cirurgia, as outras esposas nos trouxeram refeições por algumas semanas.

Outra maneira de investirmos uns nos outros é reunirmos os homens e as mulheres separadamente durante o mês. As mulheres gostam de se chamarem "senhoras do café com leite", o que significa que elas se reúnem numa cafeteria para um tempo de oração e compartilhamento. Nós, os rapazes, sendo rapazes, não adotamos um nome para o grupo. Simplesmente nos reunimos. O objetivo é tratar de questões que os

11. PASSANDO ADIANTE

homens enfrentam em casa, no trabalho e em todas as áreas da vida. Essas reuniões significam muito para todos nós.

A parte de "aconselhamento" dessa estratégia de investimento de longo prazo ocorre naturalmente à medida que convivemos. Não existe nada de formal nisso, embora em alguns momentos intervimos na vida um do outro. Resultado: estamos motivados a ajudar uns aos outros a nos tornarmos mais maduros em nosso relacionamento com Jesus.

Eu não posso imaginar a vida sem as pessoas do meu pequeno grupo. Todos eles têm sido úteis na redação deste livro. Os investimentos recíprocos deles na minha vida me dão a força para estudar e terminar o que se tornou uma parte importante do meu Propósito no Reino.

■ ■ ■ ■ ■

E você? Quem fará parte do seu plano de investimento de longo prazo? Pense em duas pessoas do seu Círculo de Investimento FORMA que possam beneficiar-se do aprendizado sobre a FORMA que receberam de Deus e do propósito exclusivo para a vida delas. Escreva nomes a seguir e pergunte a si mesmo como você pode começar a investir na vida delas.

1. _____
2. _____

Agora que você sabe em *quem* investir, precisa pensar em *como* obter o retorno máximo sobre os seus investimentos.

Maximizando o seu retorno sobre o investimento

Quando trabalhei numa empresa, usávamos normalmente o acrônimo ROI (*Return On Investment*) ou "retorno sobre investimento". Apesar de anos usando aquele termo, não sei dizer como obter o melhor retorno dos seus investimentos financeiros. Contudo, aprendi de Deus como maximizar os investimentos relacionais para a glória dele.

Aqui está uma lista de dez Dicas de Investimento FORMA para ajudar você a obter o mais alto retorno sobre investimentos de curto e longo prazo que você está se comprometendo a fazer.

1. Aceite sua responsabilidade

Eu gosto de dizer: "Se você viu, é com você". Isso significa que se Deus lhe mostrou alguém para ser ajudado, ajude. Muitos de nós deixamos passar oportunidades de investir na vida de outros por não querermos correr riscos. Precisamos permitir que Deus nos interrompa para ajudarmos outros. Isso nos faz crescer de uma maneira que não experimentaríamos de outra forma.

O apóstolo Paulo fala para vivermos "exortando, consolando e dando testemunho, para que vocês vivam de maneira digna de Deus" (1Ts 2.12). Se você ama a Deus, então é responsável por encorajar outras pessoas em sua caminhada com ele. Alegre-se com esse privilégio! Busque oportunidades e agarre-as quando Deus as revelar a você. Você nunca se arrependerá de investir na vida de outra pessoa.

2. Peça para ajudá-las

Uma vez que você aceitou a responsabilidade de investir em outras pessoas, convide-as a descobrir sua própria FORMA. É sua responsabilidade assumir esse compromisso para o crescimento delas em Cristo. Siga o mesmo método que usou no capítulo nove quando começou a formar sua Equipe de Treinamento FORMA: *ore* e então *vá atrás delas*. Reserve tempo para orar em favor de cada pessoa que Deus colocou em seu coração, depois procure-as com a orientação dele. Não as convide por *e-mail*; pelo contrário, reserve tempo para convidá-las pessoalmente a fazer a jornada com você.

3. Confirme a decisão

Quando o seu convite for aceito, mostre que você se orgulha delas. Siga o exemplo do profeta Isaías confirmando-os verbalmente. A Bíblia diz: "Cada um ajuda o outro e diz a seu irmão: 'Seja forte!' " (Is 41.6).

11. PASSANDO ADIANTE

4. Compartilhe autenticamente sua vida

Quando vocês se reunirem para começar a trabalhar este livro juntos, comece com uma oração e compartilhe a sua experiência pessoal de descoberta da FORMA. Diga-lhes onde estava antes de ler o livro. Compartilhe o que aprendeu a respeito de você mesmo e, mais importante, a respeito de Deus. Lembre-se do antigo ditado: "As pessoas não se importam com o quanto você sabe até saberem o quanto você se importa".

5. Aprecie cada jornada

Depois de falar sobre sua experiência, ouça. Peça às pessoas que contem suas histórias. Descubra por que elas desejam descobrir a FORMA delas. Não apresse essa etapa, deixe Deus guiar. Se necessário, gentilmente faça algumas perguntas, permanecendo afinado com o Espírito Santo. Mostre que você as aprecia e está comprometido em capacitá-las em sua jornada espiritual, independentemente do ponto em que estão.

6. Admire cada singularidade

À medida que vocês se conhecem, dedique tempo para admirar a FORMA individual de cada um. Essas pessoas podem nunca ter tomado tempo para descobrir quem são. Ajude-as a ver as facetas encobertas do diamante que elas são. Sejam uma comissão saudável que confirme e corrija ao longo do caminho.

No livro *Mentoring* [Mentoreamento], Tim Elmore explica a importância de ser um encorajador para a pessoa que você lidera. Elmore usa o exemplo bíblico de Barnabé, que viu o potencial de Paulo apesar do intenso ódio que ele tinha contra os cristãos antes da sua conversão. Barnabé (cujo nome significa "aquele que encoraja") conseguiu ver o zelo de Paulo sendo usado *a favor de* Deus, e não *contra* ele, subseqüentemente trabalhou para canalizar o espírito determinado de Paulo para que se tornasse um evangelista intrépido.

Elmore diz:

Tanto os judeus como os discípulos temiam [Paulo] e estavam com medo de permitir que ele se juntasse a eles. "Então Barnabé o levou aos apóstolos" (At 9.27). Barnabé não se intimidou por aquele convertido impetuoso, mas o conduziu e testemunhou em seu favor. Indubitavelmente, ele encorajou e ensinou Paulo durante aqueles primeiros dias e esteve pacientemente com ele, sabendo que aquele tempo e experiência logo iriam trazer têmpera e amadurecimento àquele jovem líder talentoso.[3]

Elmore pergunta: "Quantos Saulos estão na Igreja hoje esperando por um Barnabé?"

7. Aplique a verdade de Deus a todas as áreas da vida

Ao longo de sua jornada juntos, use a Palavra de Deus para mostrar o caminho e lançar luz nas áreas que precisam ser trabalhadas. A Bíblia diz: "Assim como o ferro afia o ferro, o homem afia o seu companheiro" (Pv 27.17). Você faz isso tendo a coragem de fazer perguntas desagradáveis para que eles possam crescer com a experiência. Eles devem poder perguntar a si mesmos se serão conhecidos como cruzeiros (pessoas apáticas em relação à vida), consumidores (interessadas apenas em obter coisas) ou contribuintes (alguém que vive para dar).

Ao estudarem os capítulos sete e oito, sobre rendição e espírito de servo, use a Palavra de Deus para encorajá-los a colocar de lado as coisas que interferem e os desviam de Deus. Novamente, seja bastante franco com sua própria história e dê a eles esperança, ao compartilhar com eles as suas lutas e vitórias. Booker T. Washington disse: "Agarre-se a algo para ajudá-lo e depois use-o para ajudar outra pessoa".

8. Proponha metas razoáveis e alcançáveis

Quando chegar ao capítulo 10, desafie-os a ir atrás do seu próprio Sonho de Reino. Se você sentir que eles estão um pouco assustados, compartilhe o seu próprio Sonho de Reino. Encoraje-os a *CAPTEarem* seu Propósito no Reino, desafiando-os a se submeterem a Deus para que possam discernir para onde ele os está dirigindo. No final daquele ca-

11. PASSANDO ADIANTE

pítulo, certifique-se de que eles estabeleceram metas alcançáveis, assim verão que estão atingindo algumas "vitórias" à medida que começam a usar o que Deus lhes deu para abençoar outras pessoas.

9. Ajude-os de todas as formas possíveis

Mostre que você está à disposição e comprometido em ajudá-los de todas as formas que puder. Se você sente que existe uma área da vida deles que requer outro tipo de ajuda, como a de um conselheiro cristão, indique a eles essa direção e mostre que você estará com eles. *Não* se sinta pressionado a ser a única pessoa que pode salvar essa pessoa. Deus pode ter-lhe dado uma tremenda influência positiva sobre essa pessoa, mas é sempre ele que faz a obra da salvação. Os autores Karen Casey e James Jennings expressam isso com muita propriedade: "Nós somos o fio elétrico, Deus é a corrente. O nosso único poder consiste em deixar a corrente passar por nós".[4]

10. Avalie o crescimento

É aqui onde o seu investimento *realmente* começa. Sim, você gastou muito tempo, oração e energia até este ponto, mas somente o tempo irá revelar se eles estão dispostos a crescer. Com o passar do tempo, você conseguirá ver se as lições que você os ajudou a aprender realmente se transformam em prática de vida que, em última instância, leva à transformação da mente, do coração e da alma.

A Bíblia diz: "E consideremos uns aos outros para nos incentivarmos ao amor e às boas obras" (Hb 10.24). Tenha esse versículo no coração. Reúna-se regularmente com essas pessoas para avaliar seu crescimento e ajudá-las a fazer as correções de curso que se fizerem necessárias. Reuniões regulares serão úteis para garantir que esses irmãos ou irmãs em Cristo terminem a corrida com a fé fortalecida.

Agora que você leu as dez dicas de investimento, volte para a sugestão número 2 e decida em *quem* você começará a investir.

Invista agora

Todos nós pensamos que temos muito tempo para começar a investir na vida daqueles que Deus separou para amarmos e liderarmos. Infelizmente, isso nem sempre é verdade. Bill Hybels, pastor da Igreja Willow Creek, conta a seguinte história de um pai que soube que seu filho de três anos tinha um tumor no cérebro e que ele teria que se despedir de um filho a quem pensava que poderia amar durante a vida toda.

Hybels cita Bob Greene, então colunista do *Chicago Tribune*:

"Amado Casey, aqui nesta cama, com você deitado no meu colo, tenho a dolorosa consciência de que você estará conosco somente por mais alguns minutos ou horas, [...] e o meu coração se parte quando penso nas lutas que você suportou nos últimos oito meses. Eu daria qualquer coisa para trocar de lugar com você [...] Nunca vamos esquecer a felicidade que você nos trouxe. Sou o homem mais afortunado do mundo por ter sido seu pai e amigo. Eu o amo loucamente... Obrigado por ser meu filho. Papai."

Veja bem como é isso. Você nunca sabe quanto tempo tem para mostrar amor às pessoas em sua vida. A vida é passageira e frágil.[5]

Essa comovente história mostra-nos claramente que o melhor momento para investir é *agora*. Você precisa planejar *agora* passar adiante o que aprendeu a respeito de Deus e o que ele planejou que fôssemos. Leve isso adiante com investimentos de curto e longo prazo na vida das pessoas que Deus colocou em seu caminho.

Os maiores investimentos que você fará com sua vida são aqueles que têm retorno eterno. Vale a pena relembrar o sábio conselho de Francisco de Assis: "Mantenha o olho aberto em direção ao final da vida. Não esqueça seu propósito e destino como criatura de Deus. O que você é à vista dele é o que você é e nada mais. Lembre-se de que quando você deixar este mundo, não poderá levar nada do que recebeu [...] somente o que você deu: um coração pleno, enriquecido por um serviço honesto, amor, sacrifício e coragem". Planeje hoje levar adiante

11. PASSANDO ADIANTE

o que Deus permitiu que você aprendesse a respeito da sua FORMA e do seu Propósito no Reino.

Nossa maratona de descobertas está quase terminada. Você está cansado? Querendo desistir? Não desista! Respire fundo e prepare-se para cruzar a linha de chegada para honrar a Deus. Vamos aprender como atingir todo o seu potencial para que você possa terminar bem.

APLICANDO O QUE APRENDEU

Reflita no que você aprendeu. O que você aprendeu neste capítulo a respeito da importância de transmitir a outras pessoas o que aprendeu?

_____
_____
_____
_____
_____
_____

Compreenda o que você recebeu. Escreva os nomes de duas pessoas que fazem parte de sua jornada diária e que precisam ler este livro.

_____
_____
_____
_____
_____
_____

11. PASSANDO ADIANTE

Peça ajuda de outros. Cite duas pessoas que investiram em sua vida no ano que passou. Telefone para elas ou mande um bilhete de agradecimento pelo tempo que elas dedicaram a você.

_____

_____

_____

_____

_____

_____

_____

Responda pela fé. Escreva aqui nomes de pessoas que hoje você não conhece pessoalmente, mas que adoraria encontrar e com quem gostaria de aprender. Depois faça tudo o que puder para entrar em contato com elas e peça-lhes que compartilhem três lições de vida com você.

_____

_____

_____

_____

_____

_____

_____

Capítulo 12

POTENCIAL PLENO

Permanecendo com aquele que fez você!

> Permaneçam em mim, e eu permanecerei em vocês. Nenhum ramo pode dar fruto por si mesmo, se não permanecer na videira. Vocês também não podem dar fruto, se não permanecerem em mim.
> **João 15.4**

> Estou convencido de que aquele que começou boa obra em vocês, vai completá-la até o dia de Cristo Jesus.
> **Filipenses 1.6**

12. POTENCIAL PLENO

Permita que Deus complete a obra dele em você.

Lembro-me de outra coisa daquelas aulas de arte que tive na faculdade: espalhados pela sala havia vários vasos por terminar. Era óbvio que algo havia acontecido no meio dos projetos, o que fez os alunos deixarem suas criações inacabadas. Os vasos parcialmente modelados haviam desmoronado e endurecido, resultando em pedaços de barro sem valor.

A boa notícia é que Deus não deixa suas obras-primas inacabadas. A Bíblia diz: "Estou convencido de que aquele que começou boa obra em vocês, vai completá-la até o dia de Cristo Jesus" (Fp 1.6). Deus tem a intenção de aperfeiçoar a obra de arte que ele começou na sua vida.

A grande diferença entre você e o barro é que você precisa decidir permanecer na roda do oleiro. Sem a sua cooperação, Deus não poderá completar a obra que começou em você. Em Romanos 12.1, Paulo insiste em que nos ofereçamos a Deus como "sacrifícios vivos". Você sabe qual é o problema com um sacrifício vivo? Ele fica se arrastando para fora do altar!

Se você quer alcançar o seu potencial pleno em Cristo, terá de manter sua atenção concentrada em permanecer com o Oleiro e continuar moldável em suas mãos. Somente assim ele poderá continuar a obra de acabamento em sua FORMA.

Felizmente, recebemos de Deus um guia a ser seguido, a Bíblia, e ela está cheia de sabedoria e conselho para nos manter perto dele. Entretanto, temos de construir hábitos espirituais saudáveis em nossa vida. Todos eles requerem o seu tempo, mas prometem recompensas tanto agora como ao longo da estrada. Organizei esses hábitos em três categorias: hábitos diários, semanais e mensais.

Hábitos diários

Entregue-se a Deus

A Bíblia diz que devemos doar-nos a Deus como um ato de adoração: "Portanto, irmãos, rogo-lhes pelas misericórdias de Deus que se ofereçam em sacrifício vivo, santo e agradável a Deus; este é o culto racional de vocês" (Rm 12.1). O ato de render-se significa permitir que ele assuma plena propriedade da nossa vida diariamente.

Nenhum hábito o beneficiará mais do que este. Porque conhecer e honrar a Deus com a vida é o que mais agrada a ele. Use um momento diário de entrega para revisar sua lista de preocupações, feridas, erros, fraquezas e desejos para ter certeza de que entregou tudo a Deus. Com o tempo, essa sua lista ficará muito menor.

Como um corredor cansado que passa o bastão para o colega de equipe descansado, use seu tempo de rendição para entregar suas cargas a Deus. Permita que ele carregue o peso por você e lhe dê força para dar o melhor cada dia.

Estude a Palavra de Deus

Não sei quem primeiro cunhou a expressão: "a entrada deve ser equivalente à saída", contudo, ela tem muito sentido. O que entra em nossa mente através dos olhos e dos ouvidos afeta o que sai da boca.

Todos os dias temos oportunidades de ler, ouvir e ver coisas, algumas boas para nós, outras nem tanto. Antes de me converter, eu costumava ouvir um certo programa de rádio a caminho do trabalho. *Em que eu pensava?* Eu não pensava. O humor rude daquele programa não trazia nada de positivo à minha vida.

Depois que Cristo entrou em minha vida, o meu pensamento mudou. Meus desejos e hábitos mudaram, um de cada vez. Deus convenceu-me a respeito dos meus hábitos não saudáveis. Com o tempo, mudei o que ouvia, via e lia. Eu queria o melhor de Deus para a minha vida. Eu sabia que, se queria estar na melhor condição espiritual para ele, tinha de encher a mente somente com o melhor.

O melhor alimento para a mente, sem dúvida, é a Palavra de Deus. Ela é o mapa para a vida. Você pode confiar que a Palavra de Deus é *totalmente* verdade. Ela tem sido e sempre será um fator poderoso de mudança de vida porque Deus a preparou pessoalmente para nós.

12. POTENCIAL PLENO

Ninguém mais do que ele quer que você termine a vida saudável e fortalecido.

O desafio de Deus a Josué é o nosso desafio hoje:

> Somente seja forte e muito corajoso! Tenha o cuidado de obedecer a toda a lei que o meu servo Moisés lhe ordenou; não se desvie dela, nem para a direita nem para a esquerda, para que você seja bem-sucedido por onde quer que andar. Não deixe de falar as palavras deste Livro da Lei e de meditar nelas de dia e de noite, para que você cumpra fielmente tudo o que nele está escrito. Só então os seus caminhos prosperarão e você será bem-sucedido. Não fui eu que lhe ordenei? Seja forte e corajoso! Não se apavore, nem desanime, pois o SENHOR, o seu Deus, estará com você por onde você andar. (Js 1.7-9)

Se você vai atingir o seu potencial pleno para Deus, precisa ser forte e corajoso. Mas a força do corpo e da mente é resultado do estudo e da aplicação da verdade de Deus. Eu gosto das palavras escolhidas por Deus ao nos dizer para "meditar" na sua verdade dia e noite. Como diz meu amigo Lance, precisamos "deixar a nossa mente de molho", ou "marinar a mente", com a Palavra de Deus.

Precisamos estudar a Palavra de Deus diariamente, um hábito que surge da dedicação e não da obrigação. Mesmo fazendo isso, não deixe de estudar a carta do amor de Deus a você. Seja criativo e encontre a maneira que melhor se adapta à sua vida. Lembre-se, quanto mais da Palavra de Deus você *deixar entrar* em sua mente, mais ele a *fará sair* em suas atitudes e ações.

Silencie seu coração

Você já esteve num cinema ou teatro e ouviu alguém dizer: "Silêncio, por favor?" Eu já. Na verdade, tenho quase certeza de que uma ou duas vezes isso foi dirigido a mim! Deus teve que me dizer "Silêncio, por favor" muitas vezes. Minha tendência é ser apressado, objetivo. Preciso lembrar constantemente de diminuir o ritmo e andar *com* Deus, e não quilômetros à frente.

Tenho um pequeno lembrete no meu computador que diz: "Deus falará quando você parar". Só quando silencio meu coração é que posso buscar em Deus alguma esperança de compreender o que ele está tentando revelar a mim. A Bíblia diz: "Descanse no Senhor e aguarde por ele com paciência" (Sl 37.7a). A prática de ficar em silêncio não se aprende com facilidade, mas é essencial se queremos adorar e andar com Deus efetivamente. Precisamos reservar tempo diariamente para ficar em silêncio perante Deus. John Ortberg escreve:

> De novo e quantas vezes mais for necessário repetir, à medida que buscamos a vida espiritual, temos de lutar contra a pressa. Para muitos de nós o maior perigo não está em renunciarmos a fé, mas em nos distrairmos, tão apressados e preocupados, que acabamos nos contentando com uma versão medíocre dessa fé. Passamos apenas pela vida em vez de vivê-la de fato.[1]

Para mim, a palavra *descanse* cria uma imagem de estar focado em Deus em completa paz e relaxamento. Com distrações, agendas cheias e múltiplos assuntos da vida, todos disputando nossa atenção, entretanto, a realidade é que permanecer descansado em Deus requer séria concentração de nossa parte.

Embora possa soar estranho, aprendi a praticar o que chamo de "descarregar a mente" (ato de anotar tudo o que esteja girando em minha mente que eu possa recorrer a isso depois) para me ajudar a diminuir o ritmo e chegar a um estado de silêncio interior. Todos precisamos eliminar o que está desperdiçando nosso tempo e energia. Eu recomendo uma "descarga" regularmente. Seja o que for que faça você conseguir diminuir o ritmo e aquietar-se perante Deus, *faça-o*.

Hábitos semanais
Separe um dia para honrar a Deus

Ao pregar para sua igreja sobre diminuir o ritmo em nossa vida, Mark Batterson definiu o sábado como "dia de descanso, dia de recarregar as nossas baterias espirituais, dia de voltar a focar o nosso relacio-

12. POTENCIAL PLENO

namento com Deus. Os rabinos judeus ensinavam que era um dia de permitirmos que a nossa alma alcance o nosso corpo. A palavra *shabath* significa 'recuperar o fôlego' ".[2]

A Bíblia diz: "No sétimo dia Deus já havia concluído a obra que realizara, e nesse dia descansou. Abençoou Deus o sétimo dia e o santificou, porque nele descansou de toda obra que realizara na criação" (Gn 2.2-3).

O autor John O'Donohue diz: "Ser espiritual é estar no ritmo, e isso significa estar dedicado à vida no ritmo 6/1 que Deus estabeleceu no momento da criação".[3]

O fato é que, muitos de nós consideramos o mandamento do sábado opcional. Somente um Deus amoroso, bom e gracioso insistiria em que seus filhos fizessem algo tão valioso e benéfico: simplesmente, *descansar*!

Deus teve um sentimento tão forte pelo sábado que o incluiu nos Dez Mandamentos:

> Lembra-te do dia de sábado, para santificá-lo. Trabalharás seis dias e neles farás todos os teus trabalhos, mas o sétimo dia é o sábado dedicado ao Senhor, o teu Deus. Nesse dia não farás trabalho algum, nem tu, nem teus filhos ou filhas, nem teus servos ou servas, nem teus animais, nem os estrangeiros que morarem em tuas cidades. Pois em seis dias o Senhor fez os céus e a terra, o mar e tudo o que neles existe, mas no sétimo dia descansou. Portanto, o Senhor abençoou o sétimo dia e o santificou (Ex 20.8-11).

Você está tendo um sábado com Deus, um dia na semana para descansar, acertar o foco nele e não em suas distrações da semana? Se não, como você irá atingir seu potencial pleno e terminar firme a sua vida?

Pastoreie o povo de Deus

Seja pastor do povo de Deus. Esforce-se todas as semanas para potencializar as muitas oportunidades que ele lhe dá para cuidar de seu povo e servir sua igreja. Exercer uma liderança bondosa e cuidadosa é sinal do nosso amor por Deus e mostra nosso compromisso com ele.

Depois de sua ressurreição, um dia Jesus perguntou a Simão Pedro se ele realmente o amava. A resposta de Pedro importava tanto para Jesus, que ele repetiu a pergunta três vezes, o mesmo número de vezes que Pedro o negara anteriormente. Durante a troca de perguntas e respostas, Jesus disse: "Se você me ama, pastoreie as minhas ovelhas" (paráfrase do autor, ver Jo 21.15-17). Jesus não estava procurando um serviço para Pedro. Ele buscava alguém que fosse um servo amoroso para o seu povo. Ele procurava um pastor.

Quando penso em pastorear o povo de Deus, imagino alguém que se importe, ame, apóie e encoraje os outros. Você conhece alguém que se beneficiaria de um depósito de cuidado, amor, apoio ou encorajamento nesta semana?

Tenha como alvo ser pastor para o seu Salvador todas as semanas de sua vida.

Compartilhe o amor de Deus

Antes de voltar para o céu, Jesus pronunciou a mensagem que ficou conhecida como a Grande Comissão, na qual disse a seus discípulos: "Portanto, vão e façam discípulos de todas as nações, batizando-os em nome do Pai e do Filho e do Espírito Santo, ensinando-os a obedecer a tudo o que eu lhes ordenei. E eu estarei sempre com vocês, até o fim dos tempos" (Mt 28.19,20).

Jesus não disse: "Vão e façam discípulos de todas as nações somente se vocês tiverem o dom de evangelismo". A Grande Comissão é para todos os cristãos. Deus quer que você e eu levemos verbalmente o amor dele aos que ele colocou ao nosso redor.

Em *Uma vida com propósitos*, Rick Warren explica: "Cristo nos chama não apenas para vir a ele, mas também para ir por ele".[4] Por isso, aonde você pode ir por Jesus? À rua? Ao escritório? À sala de aula? Pelo seu estado? Ao mundo todo? Existem pessoas em sua vida que nem sequer conhecem ou ainda não aceitaram o amor de Deus e o dom gratuito da vida eterna. Se você não tem certeza conhecer alguém que precisa do amor de Deus, peça a ele que mostre a você. Talvez eles estejam mais perto do que você pensa.

Você pode estar se perguntando: "E o que devo dizer para a pessoa?" Apenas conte sua história! Conte um pouco de sua vida antes de Deus. Conte como você encontrou Deus. E fale *bastante* sobre como Deus mudou sua vida. Tudo isto forma a sua história. Ninguém pode contestá-la, porque se trata da *sua* história. Você é o especialista a respeito da sua história e ninguém a conhece melhor do que você. Deus quer que você a compartilhe por ele.

A Bíblia diz: "Antes, santifiquem Cristo como Senhor em seu coração. Estejam sempre preparados para responder a qualquer pessoa que lhes pedir a razão da esperança que há em vocês" (1Pe 3.15).

Desafie-se a compartilhar a sua história com alguém pelo menos uma vez por semana e use sua FORMA para fazê-lo. Por exemplo, se você tem o dom da hospitalidade, use-o para criar um ambiente para que a pessoa sinta o amor de Deus. Se você tem o dom de misericórdia, use-o para orar pela pessoa. Suas paixões e estilos de personalidade podem ser também muito úteis para deixá-lo à vontade para compartilhar a sua história com clareza e confiança.

Você pode achar este livro útil para compartilhar o amor de Deus. Dê um exemplar dele a alguém que você saiba que precisa de Deus em sua vida. Todos querem descobrir e viver o seu propósito de vida, por isso que melhor ferramenta do que um livro sobre o assunto, como uma semente, enquanto você compartilha a sua história com outros?

Hábitos mensais

Saia com Deus

Se você quer ficar forte para Deus, é importante passar um momento de qualidade mais prolongado com ele. Estou falando sobre um tempo de solitude, planejado para aquietar o ruído e as interferências da vida por um dia ou mais, para fazer um inventário de sua vida. Durante esse momento de reflexão, dê a Deus *toda* a sua vida e então você estará livre para receber tudo o que ele tem para você.

Quando eu recomendo um tempo de solitude, a maioria das pessoas reage com um olhar do tipo: "Você deve estar brincando. E o que você sugere que eu faça com tudo o que está acontecendo em minha vida?" Dallas Willard dá este conselho: "Não conheço resposta melhor à agitação e ocupação do que a solitude".[5]

A Bíblia diz: "De madrugada, quando ainda estava escuro, Jesus levantou-se, saiu de casa e foi para um lugar deserto, onde ficou orando". (Mc 1.35) Se Jesus é o nosso exemplo maior de força, deveríamos tomar o exemplo dele de fazer da solitude algo a ser incluído em nossa vida regularmente. Sugiro um momento mensal para sair com Deus.

Quando foi a última vez que você fez um retiro pessoal com Deus, um momento longe de todos os ruídos da vida para apenas estar com o seu Pai celestial? Se você não fez nada parecido com isso recentemente, faça planos agora. Pegue sua agenda e assinale pelo menos meio dia com Deus. Escolha um lugar que o ajude a se desligar de suas obrigações diárias: um centro de retiro, um parque, hotel, praia, chácara, montanha. Não importa muito o lugar que você escolher; o que importa é onde estará o seu coração enquanto você estiver lá.

Avalie seu crescimento

Quando você estiver em seu retiro de solitude com Deus, use um pouco do tempo para avaliar seu crescimento espiritual. Peça a Deus para mostrar-lhe como você está indo com seu Propósito no Reino. Revise seu plano para certificar-se de que está no rumo certo. Se você descobrir que está fora do curso, faça os ajustes necessários para voltar à trilha. Lembre-se, Deus está no recomeço e na correção de curso porque ele o *ama*!

Use também o seu momento de retiro para fazer a si mesmo *quatro perguntas-chave* que o ajudarão a potencializar sua avaliação. Meu amigo e mentor, Tom Paterson, chama-as de "As quatro perguntas úteis".[6] Peça a Deus que lhe mostre as respostas:

12. POTENCIAL PLENO

1. *O que está certo em minha vida?* Esta é uma oportunidade de celebrar o que Deus está fazendo em você e por seu intermédio.

2. *O que está errado em minha vida?* Esta é uma oportunidade para Deus revelar coisas que você precisa mudar em sua vida.

3. *O que está faltando em minha vida?* Esta é uma oportunidade para acrescentar alguma coisa à sua vida para Deus.

4. *O que está confuso em minha vida?* Esta é uma oportunidade para esclarecer algumas coisas em sua vida com Deus.

Formalmente ou não, faça dessa saída uma prática em seu plano mensal de avaliação de crescimento, a fim de que você possa ser forte para Deus.

Afie a sua FORMA

O último hábito que sugiro é afiar regularmente a sua FORMA para Deus. A Bíblia diz que: "Se o machado está cego e a sua lâmina não foi afiada, é preciso golpear com mais força; agir com sabedoria assegura o sucesso" (Ec 10.10). O meu desafio a você é nunca parar de aprender. Deus merece o seu melhor, por isso seja um aprendiz contínuo para ele.

Rick Warren gosta de dizer: "Os líderes são aprendizes". Você pode não ter o título de líder, mas se tem a oportunidade de influenciar outros em casa, no trabalho ou na vida, você é um líder. Isso significa que você não tem apenas a oportunidade de liderar, mas também a responsabilidade como cristão de liderar outras pessoas de acordo com os desejos de Deus.

Que o seu programa mensal inclua afiar e fortalecer a sua FORMA para Deus. Dedique-se em ser o melhor que puder para a sua glória.

Reserve um momento agora mesmo para pensar em dois modos de você afiar seus recursos pessoais neste mês e depois faça planos para executá-los.

Até a celebração!

Minha mensagem final a você é esta: *Muito obrigado!*

Agradeço a oportunidade de ter sido seu companheiro ao longo das páginas deste livro. Obrigado por gastar tempo para descobrir a FORMA que você recebeu de Deus; por esforçar-se para encontrar o seu exclusivo Propósito no Reino; por investir na vida de outras pessoas para mostrar o amor de Deus a elas. Você é de fato uma obra-prima!

Ao concluir, quero encorajá-lo a voltar ao "ponto de partida" (págs. 32 e 33) e fazer uma breve avaliação novamente para ver o quanto Deus fez em sua vida desde que começamos esta jornada juntos.

Agora você tem a oportunidade de continuar o que Deus começou, enquanto corre o próximo trecho de sua corrida com ele. Que Deus continue a lhe fortalecer e lhe mostre o quanto você é especial. Que você viva fielmente para Deus e seja pleno dele! Eu estarei por perto, torcendo por você. Procure por mim na linha de chegada, pronto para lhe dar um abraço.

12. POTENCIAL PLENO

APLICANDO O QUE APRENDEU

Reflita no que você aprendeu. O que você aprendeu deste capítulo sobre a importância do descanso em sua vida?

_____

_____

_____

_____

_____

_____

Compreenda o que você recebeu. Que "hábito" você já adquiriu com sucesso em sua vida?

_____

_____

_____

_____

_____

_____

Peça ajuda de outros. A quem você pedirá ajuda para prestar contas de guardar um *Shabath* semanal?

Responda pela fé. Que hábito (diário, semanal, mensal) você se comprometerá em acrescentar à sua vida nos próximos trinta dias?

Apêndice 1

FORMA *para o* PERFIL DE VIDA

Formação espiritual: Sou dotado para quê? (págs. 44 a 54)

- Acredito ter recebido de Deus os seguintes dons espirituais:

  _____
  _____
  _____

- Sinto que posso usar esses dons para servir outros da seguinte forma:

  _____
  _____
  _____

Opções do coração: Pelo que tenho paixão. (págs. 65 a 75)

- O que impulsiona a minha vida:

  _____
  _____
  _____

- Com quem mais me importo:

  _____
  _____
  _____

APÊNDICE 1

- Necessidades que eu amo suprir na vida de outra pessoa:

_____
_____
_____

- Sinto que Deus quer que eu me engaje por ele na seguinte causa:

_____
_____
_____

- O meu maior sonho para o Reino de Deus:

_____
_____
_____

Recursos pessoais: Em que eu sou naturalmente habilidoso. (pág. 88)

- Minhas melhores habilidades:

_____
_____
_____
_____
_____

Modo de ser: Como Deus me conecta. (págs. 101 e 104)

- Tenho a tendência de me *relacionar* com os outros de modo:

Extrovertido	X	Reservado
Expressivo	X	Auto-controlado
Cooperativo	X	Competitivo

FORMA PARA O PERFIL DE VIDA

- Minha tendência em *responder* às oportunidades são:

Alto risco	x	Baixo risco
Pessoas	x	Projetos/ Processos
Seguir	x	Liderar
Equipe	x	Solo
Rotina	x	Variedade

Áreas de experiência: Onde estive. (págs. 115 a 122)

- Minhas experiências *positivas* incluem:

_____
_____
_____

- As áreas nas quais sinto que posso ajudar outras pessoas são:

_____
_____
_____

- Minhas experiências *dolorosas* incluem:

_____
_____
_____

- Estas são áreas em que Deus me ajudou e sobre as quais sinto que posso ajudar outras pessoas:

_____
_____
_____

Apêndice 2

FORMA *para o* PLANEJAMENTO DE VIDA

Expressando minha FORMA para a glória de Deus

Que sonho, visão ou mensagem sinto Deus me incomodando para alcançar por ele e que sem ele eu não conseguiria?

Meu Sonho de Reino (pág. 201)

_____
_____
_____
_____

Isto me fará depender totalmente de Deus: (pág. 201)

_____
_____
_____
_____

Isto me fará mostrar totalmente o amor de Deus a outros: (pág. 202)

_____
_____
_____
_____

APÊNDICE 2

O meu Ponto de Eficiência (págs. 204 a 208)

Q1: Os dons espirituais e as habilidades que acredito ter recebido de Deus para honrá-lo, quando dou um passo de fé para realizar o sonho que ele me deu.

Q2: As pessoas às quais creio que Deus me chamou para ministrar.

Q3: As necessidades que creio que Deus está me pedindo para suprir nas pessoas que ele me chama para servir.

Q4: Os cenários e os serviços que acredito que minha FORMA me permite oferecer.

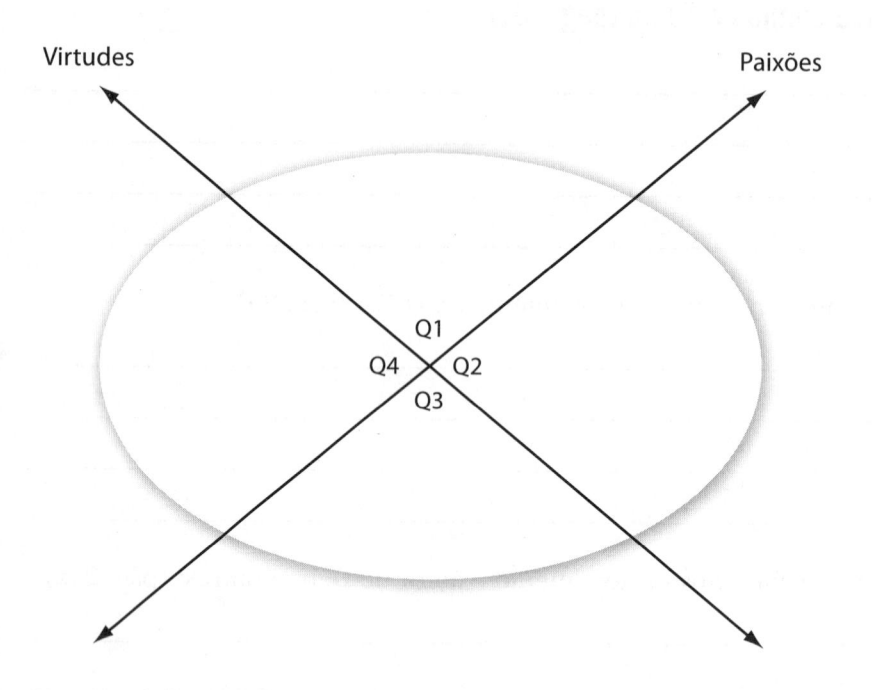

Virtudes

Paixões

Q1
Q4   Q2
Q3

Minha declaração de Propósito no Reino (pág. 209)

Deus me fez...
_____
_____
_____
_____

E quando eu....
_____
_____
_____
_____

... sinto que ele fica satisfeito.
_____
_____
_____
_____

Meu plano de propósito de noventa dias (pág. 215)

Passos de fé (O quê?)	Agenda (Quando?)	Apoio (Quem?)

Apêndice 3

O MELHOR DE TODOS OS DONS

Como você leu no capítulo dois, Deus agraciou seus seguidores com uma variedade de dons espirituais a serem usados com o objetivo de se descobrir e cumprir o propósito específico de cada pessoa. Entretanto, existe uma dádiva especial que todos devem receber e aceitar *antes* de poderem verdadeiramente descobrir os dons espirituais que Deus lhes deu, a melhor dádiva que é "o melhor de todos os dons".

Esse dádiva especial tem uma etiqueta exclusiva com o seu nome, onde se lê: "Seu dom gratuito da vida eterna". A Bíblia diz: "Pois vocês são salvos pela graça, por meio da fé, e isto não vem de vocês, é dom de Deus; não por obras, para que ninguém se glorie" (Ef 2.8,9).

É possível que, ao ler essas palavras, você perceba que nunca se abriu para aceitar o presente gratuito de Deus: a vida eterna. Deus quer ter um relacionamento com você e deseja que você passe a eternidade com ele. Entretanto, receber o presente e aceitá-lo é escolha sua.

Se você ainda não aceitou esse presente especial, faça isso AGORA MESMO. Não deixe passar nem mais um segundo. Deus conhece o seu coração e vai honrar o seu compromisso com ele. Tudo o que você precisa é reconhecer o que Deus fez em seu favor, admitir a ele seu egoísmo e pecaminosidade e pedir que ele entre em sua vida. Veja como fazer:

Primeiro...

Reconheça que Deus enviou seu Filho, Jesus, por você. A Bíblia diz: "Porque Deus tanto amou o mundo que deu o seu Filho Unigênito, para que todo o que nele crer não pereça, mas tenha a vida eterna" (Jo 3.16).

Então...

Admita que você, assim como todas as pessoas, é egoísta e pecador. A Bíblia diz: "Pois todos pecaram e estão destituídos da glória de Deus,

APÊNDICE 3

sendo justificados gratuitamente por sua graça, por meio da redenção que há em Cristo Jesus" (Rm 3.23,24). Deus deseja intensamente ter um relacionamento afetuoso com você. Ele não quer que você o procure por meio de diferentes religiões, rituais ou regras. Ele quer que você gaste tempo com ele e desfrute a sua presença.

Em seguida...

Peça a Jesus para entrar em sua vida. A Bíblia diz: "Se você confessar com a sua boca que Jesus é Senhor e crer em seu coração que Deus o ressuscitou dentre os mortos, será salvo" (Rm 10.9). Se você tem algo com o que escrever, sublinhe *será salvo* e escreva na margem: "é uma promessa!" As Escrituras são muito claras: Se você confessar com a sua boca que Jesus é Senhor e crer em seu coração que Deus o ressuscitou dentre os mortos, então você irá viver durante a eternidade com Deus no céu.

Se você deseja se abrir e aceitar de Deus a dádiva da vida eterna e convidá-lo para um relacionamento com você, leia esta oração a Deus de todo o seu coração. Ao fazê-lo, saiba que eu estou concordando com você:

"Querido Deus, eu aceito hoje plenamente o teu dom gratuito da vida eterna. Confesso que tenho vivido para mim mesmo. Reconheço que Jesus é o salvador da minha vida e quero que ele me guie daqui em diante. Ajude-me a me tornar a pessoa que o Senhor planejou que eu fosse. Por favor, ajude-me a compreender completamente o quanto me amas e quão maravilhosamente me criaste. Quero viver para ti e realizar as coisas que planejaste para mim. Mostre-me o rumo a seguir para que eu termine a jornada fiel a ti. Em nome de Jesus, amém."

Parabéns! Se você acabou de fazer essa oração com sinceridade, agora tem a vida eterna com Deus. Quero encorajá-lo a compartilhar a sua decisão com alguém próximo a você. Comemore essa vitória. Agora que o seu destino é definido pelo céu, você pode realmente começar a descobrir a diferença eterna que Deus planejou que você faça em nome dele.

(Se você estava lendo o capítulo dois, volte à página 40).

Apêndice 4

MENSAGEM A PASTORES E LÍDERES

Pare um pouco e imagine se todas as pessoas de sua igreja tivessem recebido seu convite pessoal para a expressão da FORMA que cada uma delas recebeu de Deus nas várias oportunidades de ministério que estivessem de acordo com o Propósito no Reino de cada uma. Uau! Certamente isso traria um sorriso ao rosto de Deus: o seu povo servindo e fortalecendo uns aos outros exatamente como ele os planejou.

Enquanto o seu coração acelera com esperança e sua mente continua sonhando com o dia em que cada membro de sua igreja estiver ministrando por meio de sua FORMA, quero fazer três perguntas:

1. *Você* realmente deseja servir a Deus através de sua FORMA exclusiva?
2. Você deseja ver *todos em sua igreja* servindo a Deus por meio da FORMA deles?
3. Você conhece necessidades ministeriais não atendidas em sua igreja?

Se você respondeu afirmativamente a qualquer uma dessas perguntas, quero ajudá-lo a criar uma poderosa cultura de ministério em sua igreja!

Eu amo pastores e líderes de igreja. Meu coração sofre quando ouço a respeito daqueles entre nós que perderam o amor pelo ministério e a alegria de servir a Deus e outros. Acredite em mim, estive assim mais vezes do que gostaria de admitir... pessoas para ajudar, reuniões para ir, *e-mails* para escrever, telefonemas para retornar, treinamento para desenvolver — a lista parece não ter fim.

Entretanto, não foi isso que Deus planejou. A Bíblia diz claramente a você e a mim em Efésios 4 que precisamos ser *administradores* e deixar que os membros sejam os *ministros*; uma verdade que você DEVE aceitar se realmente deseja terminar a corrida do ministério fielmente e realizado.

Mas, como isso pode acontecer no mundo real da sua igreja? Como você chega ao ponto onde cada membro está envolvido no ministério? Há três passos essenciais que você precisa dar para criar uma poderosa cultura em seu círculo de influência.

Passo nº 1

Aproprie-se de seu ministério identificando sua FORMA exclusiva dada por Deus e o seu Propósito no Reino, passo que, espero, este livro tenha permitido que você já começasse a realizar. Enquanto você recorda o capítulo onze, sobre a importância de levar adiante o que Deus lhe mostrou, eu o encorajo a começar com seus pastores; depois vá aos líderes e suas equipes; finalmente, aos membros da igreja.

Passo nº 2

Compartilhe o seu ministério convidando constantemente seus membros para servirem a Deus com você. Uma maneira de fazer isso é dedicar um mês todo em sua igreja aos conceitos de FORMA e serviço, culminando com uma feira de ministérios em que você apresente todos os ministérios da igreja e desafie os membros a serem não apenas espectadores, mas contribuintes.

Passo nº 3

Invista no amadurecimento de seus membros investindo continuamente na FORMA deles. Este passo final de criar uma poderosa cultura de ministério em sua igreja trata de desenvolver programas que ajudem a ensinar e a treinar a equipe pastoral, os principais líderes e os membros. Talvez você possa começar com um curso que ajude a igreja toda a compreender o que a Bíblia diz sobre FORMA e serviço.

Na Igreja Saddleback, usamos uma incrível ferramenta escrita por Rick Warren intitulada: *Classe 301: comprometidos com o ministério.*[a]

---

[a] Informações no site <www.propositos.com.br> [N. do E.].

Este recurso tem ajudado a desenvolver e a mobilizar milhares de pessoas para a eficácia ministerial, e pode ser adaptado para igrejas de qualquer tamanho.

Finalmente, enquanto você desenvolve os membros de sua igreja, encoraje-os prontamente a começar novos ministérios na igreja que se encaixem com o Propósito no Reino de cada um e atendam às necessidades de seu povo. Noventa e cinco por cento dos ministérios em Saddleback foram iniciados por membros que queriam fazer diferença para a eternidade enquanto vivessem. Nós (a equipe pastoral) só precisamos preparar o caminho para eles.

Não importa onde você esteja neste processo; até mesmo no início você pode criar uma cultura de capacitação de ministérios na igreja que lhe permita fazer a sua parte enquanto cada um faz a dele. Comprometa-se com Deus e veja a sua igreja crescer.

■ ■ ■ ■ ■

Querido Deus,

Hoje eu, _____, faço um pacto contigo para me tornar um agente de mudança para a tua glória. Por favor, conceda-me a visão, a paixão e o poder para criar uma cultura de capacitação em minha área de influência, garantindo que cada membro ministre por meio de sua FORMA exclusiva.

Assinatura_____
Data _____

Deus o abençoe,

Erik

Apêndice 5

MENSAGEM AOS CASAIS

*Mulheres, sujeite-se cada uma a seu marido,
como convém a quem está no Senhor.
Maridos, ame cada um a sua mulher e
não a tratem com amargura.*
Colossenses 3.18,19

Isso começa com aceitação.

Durante os primeiros anos do meu casamento tive de aprender a tratar minha esposa com afeição mais do que tentar mudá-la. Deus me chamou para amá-la mais do que tudo, mas devo admitir que isso foi uma lição muito difícil para mim. Algo que me ajudou muito a compreendê-la e a apoiá-la foi descobrir sua FORMA exclusiva. Você sabe o que descobri? Que ela não parecia em nada comigo! De fato, era o oposto de mim. Seus dons eram diferentes dos meus. O seu coração acelerava por assuntos nos quais eu tinha pouco interesse. Suas aptidões e as minhas raramente combinavam. Um pouco do seu estilo de personalidade era o oposto do meu, e nossas experiências eram totalmente diferentes. Todavia, independentemente do quanto éramos diferentes, Deus ainda me chamou para aceitá-la de maneira prática com minhas ações e apoiá-la com minhas palavras.

Hoje, nós dois estamos comprometidos a aceitar e apreciar um ao outro para nos ajudarmos mutuamente a cumprir nosso propósito de vida. Especificamente, nosso foco está em três coisas:

Tratar com afeição a FORMA um do outro

A primeira coisa que tivemos de aprender um do outro foi a nossa singularidade. Fizemos testes, freqüentamos aulas, conversamos com outros casais e gastamos muito tempo apenas aprendendo sobre coisas que tínhamos em comum e aquilo em que éramos diferentes. Esse investimento ajudou-nos a compreender um ao outro muito melhor do que antes.

Apoiar mutuamente o Propósito no Reino de cada um

Assim que aprendemos como Deus havia feito cada um de nós de maneira singular, começamos a descobrir os nossos propósitos individuais para a vida. Minha esposa acha que uma de suas maiores contribuições é ser uma mãe com excelência, o que ela é mesmo. Ela faz uso de sua FORMA para, de maneira maravilhosa, criar nossos filhos. Ela também expressa algumas outras paixões do Reino com regularidade. Tento apoiar tudo o que ela sonha fazer para a glória de Deus. Minha esposa, por sua vez, apóia constantemente o meu propósito de vida, que é o de capacitar cada cristão no mundo com ferramentas comprovadas, para que eles consigam descobrir e realizar seu propósito na vida assumindo e expressando a FORMA que receberam de Deus.

Tratar com carinho um ao outro constantemente

Além do cuidado com os filhos, adoramos cuidar um do outro. Queremos ser os maiores fãs um do outro com palavras e ações e, o mais importante, com nossas orações. Pedimos a Deus que nos use individualmente ou juntos para fazermos diferença no Reino para sua glória.

Se você for casado(a), encorajo-o firmemente a não apenas descobrir sua FORMA e seu propósito para a vida, como a dar um exemplar deste livro a seu cônjuge para que ele faça o mesmo. Depois vocês dois podem cuidar, apoiar e estimular um ao outro e fazerem juntos uma significativa diferença no Reino!

Apêndice 6

MENSAGEM AOS PAIS

Eduque a criança no caminho em que deve andar,
e até o fim da vida não se desviará dele.
Provérbios 22.6, NTLH

Você pode!

A esta altura eu espero que você tenha descoberto a FORMA que recebeu de Deus e tenha começado a definir o seu propósito específico na vida. Mas, e os seus filhos? Como pais de três filhos, minha esposa e eu desejamos fazer tudo o que pudermos para ajudar a treiná-los no caminho preparado por Deus para eles. Estamos constantemente pensando em formas de cultivar a singularidade de cada um; isso começa com ajudá-los a descobrir seus dons especiais até compreenderem como Deus pode usar suas experiências para servir outras pessoas e compartilhar o amor dele.

A verdade é que os filhos vêm pré-montados, mas não vêm com um manual do proprietário. Eu gostaria que viessem, mas aí não precisaríamos depender de Deus para nos ajudar. Como pais, temos a oportunidade de ajudá-los a descobrir sua singularidade para que eles também possam encontrar e realizar seu propósito na vida quando crescerem. Que grande privilégio! Mas, que grande desafio. De fato, uma enquete que fizemos na Igreja Saddleback indicou que a maioria dos pais adoraria alguma ajuda para esse treinamento tão importante. Nessa linha, aqui estão três chaves, o ABC para ajudar seus filhos a atingir o potencial pleno que receberam de Deus:

Assuma a sua responsabilidade

Como pai ou mãe, VOCÊ é responsável por treinar o seu filho. Ninguém mais pode fazer isso em seu lugar. Você pode procurar ajuda da igreja e dos familiares, claro, mas, no final das contas, é de você que Deus vai cobrar. Não se preocupe, você pode fazer isso... mas primeiro você precisa *assumir* a responsabilidade e pedir a Deus sabedoria e força diariamente, se não a cada hora.

Ao aceitar sua responsabilidade, lembre-se de que Deus nos chama para treinar os filhos NO caminho em que devem andar. Não no caminho que *nós* queremos para eles. É muito freqüente os pais (inclusive eu) desejarem que seus filhos sigam o caminho que os pais escolheram, sem ao menos tentarem descobrir o caminho que Deus planejou para os filhos.

Falando de pai para pai: assuma sua responsabilidade. Assim seus filhos sempre saberão que VOCÊ é seu maior apoiador e incentivador!

Bem antes de tudo, torne-se aquilo que Deus planejou

Você tem consciência de que seus filhos estão observando e ouvindo você? Eles estão, e muito mais do que você imagina. Não podemos passar adiante o que nós mesmos não temos. Podemos tentar, mas não vai durar. Gosto de dizer aos pais: "O que mais conta não é o que vocês dizem, mas o que seus filhos vêem". À medida que você se compromete em se tornar quem Deus planejou que você fosse e em cumprir o seu exclusivo propósito de vida, desfruta a grande oportunidade de passar adiante essas grandes verdades de Deus a seus filhos.

Cultive a FORMA deles

Depois de assumir a responsabilidade de treinar seus filhos e se comprometer em se tornar quem Deus planejou que você fosse, passemos para o último passo... cultivar a FORMA exclusiva de cada um deles.

Eu tenho visto os conceitos da FORMA funcionarem com crianças de sete anos de idade. As crianças compreendem mais do que você pensa. Ainda me surpreendendo com o quanto meus próprios filhos entendem coisas que para mim estavam "acima da compreensão deles".

MENSAGEM AOS PAIS

Especificamente, uma ótima maneira de cultivar a singularidade dos seus filhos é aplicar a eles as dez Dicas de Investimento FORMA do capítulo 11 (ver págs. 230 a 233). Essas orientações simples fornecerão uma excelente trilha a ser seguida enquanto você treina seus filhos no caminho em que eles devem andar.

Apêndice 7

APLICANDO O QUE APRENDEU EM GRUPO

Guia de discussão

Os assuntos discutidos neste livro são ideais para discussão com outras pessoas interessadas em descobrir e cumprir seu Propósito no Reino, seja informalmente, seja como parte de um estudo para a igreja toda. Se desejar, use o guia a seguir para auxiliar o seu tempo juntos. Cada uma das treze subdivisões, uma para a introdução ("Mensagem do autor") e uma para cada capítulo do livro, está organizada em quatro partes:

1. **Considere:** Considerando juntos uma passagem bíblica.
2. **Investigue:** Discutindo suas observações pessoais, como você espera que Deus mude *você* por meio deste estudo.
3. **Olhe ao redor:** Discutindo como Deus pode agir por meio do grupo, seu corpo, através deste estudo.
4. **Olhe para cima:** Orando juntos como grupo para que Deus dê direção, maturidade espiritual e fruto por meio deste estudo.

Mensagem do autor

Considere

Discuta a seguinte passagem em grupo e os processos que ela esboça para a descoberta de quem somos:

> Cada um examine os próprios atos, e então poderá orgulhar-se de si mesmo, sem se comparar com ninguém, pois cada um deverá levar a própria carga (Gl 6.4,5).

Investigue

Compartilhe suas respostas com o grupo:

- Uma coisa que você deseja que Deus faça *em você* durante este estudo.

- Uma coisa que você deseja que Deus faça *através de você* ao final deste estudo.

Olhe ao redor

Discuta a seguinte pergunta em grupo:

- O que você deseja que Deus faça *em seu grupo* durante este estudo?

Olhe para cima

Junte-se a outra pessoa do grupo e ore pelas respostas um do outro às perguntas anteriores.

Capítulo 1: Obra-prima

Considere

Discuta o seguinte versículo em grupo e como ele se relaciona com a sua vida individual:

Porque somos criação de Deus realizada em Cristo Jesus para fazermos boas obras, as quais Deus preparou antes para nós as praticarmos (Ef 2.10).

Investigue

Compartilhe suas respostas com o grupo:

- Como você se sente sabendo que Deus o vê como uma obra-prima? Compartilhe, em seguida, algum acontecimento específico do passado que o tenha feito sentir-se assim, ou um que tenha impedido você de se ver como obra-prima de Deus.

- Cite duas "boas obras" que, no seu entender, Deus quer alcançar por seu intermédio.
- Tome o inventário pessoal das páginas 32-34 e compartilhe em que categoria você se encaixa atualmente e por quê.

Olhe ao redor
Discuta as seguintes perguntas em grupo:
- O autor diz que Deus deu a cada um de nós uma FORMA exclusiva e deseja que a usemos para fazer diferença para ele neste mundo. Descreva com o grupo como essa declaração deve afetar o corpo de Cristo.
- Você sabe qual é o seu exclusivo Propósito no Reino para a vida? Se sim, compartilhe-o com o grupo. Se não, peça a alguém no grupo que ore para Deus revelar isso a você enquanto estudam este material juntos.

Olhe para cima
Use o momento de oração em grupo para celebrar a singularidade e a contribuição um do outro ao grupo.

Capítulo 2: Formação espiritual
Considere
Discuta o seguinte versículo em grupo e o que Deus nos pede como seus seguidores:

> Cada um exerça o dom que recebeu para servir os outros, administrando fielmente a graça de Deus em suas múltiplas formas (1Pe 4.10).

Investigue
Compartilhe suas respostas com o grupo:

- Que pensamento, palavra ou idéia lhe vem à mente quando você pensa que foi dotado para grandeza?
- Que dons você acredita que Deus deu especificamente para você? Por quê?
- Como você acha que pode usar seus dons para "servir" outras pessoas?

Olhe ao redor

Discuta as seguintes perguntas em grupo:

- Como seus dons específicos podem ajudar a fortalecer o seu grupo e ajudar a servir uns aos outros?
- O autor fala de quatro ciladas comuns que nos atrapalham no uso de nossos dons da forma que Deus planejou que os usássemos. Qual armadilha é mais comum para você? Como o seu grupo pode ajudá-lo a evitar essa cilada?

Olhe para cima

Dividam-se em duplas e orem para serem responsáveis um pelo outro não apenas evitando as ciladas de Satanás, mas também usando os dons espirituais que Deus deu a cada um de vocês.

Capítulo 3: Opções do coração

Considere

Discuta o seguinte texto bíblico em grupo e a atitude do nosso coração para sermos recompensados por Deus:

> Tudo o que fizerem, façam de todo o coração, como para o Senhor, e não para os homens, sabendo que receberão do Senhor a recompensa da herança. É a Cristo, o Senhor, que vocês estão servindo (Cl 3.23,24).

Investigue

Compartilhe suas respostas com o grupo:

- O que faz seu coração acelerar para Deus? Como você pode usar essas coisas para mostrar o amor de Deus?
- Por qual grupo específico de pessoas seu coração bate mais forte? Por quê? Como você tem usado seus dons para servir esse grupo de pessoas?

Olhe ao redor

Discuta as seguintes perguntas em grupo:

- Que necessidades você ama suprir em nome de Deus? Quem mais em seu grupo compartilha a mesma paixão? Converse sobre maneiras de todos vocês usarem a associação de suas paixões para servir a Deus juntos.
- A favor de qual causa você se sente incomodado a lutar? É a mesma de alguma outra pessoa do seu grupo?

Olhe para cima

Divida o grupo em dois para oração. Compartilhem um com o outro um sonho centrado em Deus e depois orem juntos por esses sonhos.

Capítulo 4: Recursos pessoais

Considere

Discuta o versículo a seguir em grupo. Como ele se relaciona com a sua vida individual bem como com a força potencial do grupo:

> Deus deu a cada um de nós a habilidade de fazer bem determinadas coisas. (Rm 12.6a, BV)

Investigue

Compartilhe suas respostas com o grupo:

- Descreva um momento em que você teve de fazer algo que o fez sentir-se exausto, simplesmente porque não era bom naquilo.
- Cite três coisas que você poderia "viver sem".

Olhe ao redor

Discuta as seguintes perguntas em grupo:

- Cite três coisas que você ama fazer. Compartilhe essas atividades com o grupo e como elas poderiam ser usadas para mostrar o amor de Deus aos que estão a seu redor.
- Alguém no seu grupo é bom nessas mesmas coisas? Se é, converse sobre como vocês poderiam juntos servir outros.
- Como as habilidades naturais de todos poderiam fortalecer o seu pequeno grupo?

Olhe para cima

Use o momento de oração para celebrar as habilidades naturais que Deus deu a cada participante do grupo e o quanto o grupo se beneficia quando cada pessoa usa suas virtudes.

Capítulo 5: Modo de ser

Considere

Discuta o seguinte texto bíblico em grupo e veja como ele mostra personalidades diferentes:

Caminhando Jesus e os seus discípulos, chegaram a um povoado, onde certa mulher chamada Marta o recebeu em sua casa. Maria, sua irmã, ficou sentada aos pés do Senhor, ouvindo a sua palavra. Marta, porém, estava ocupada com muito serviço. E, aproximando-se dele, perguntou:

— Senhor, não te importas que minha irmã tenha me deixado sozinha com o serviço? Dize-lhe que me ajude!

Respondeu o Senhor:

– Marta! Marta! Você está preocupada e inquieta com muitas coisas; todavia apenas uma é necessária. Maria escolheu a boa parte, e esta não lhe será tirada (Lc 10.38-42).

Investigue

Compartilhe suas respostas com o grupo:

- Descreva para o grupo o seu estilo de personalidade.
- Fale de um momento em sua vida em que lhe foi pedido para sair de uma situação de comodidade, com respeito a sua personalidade, e como isso o fez sentir-se.

Olhe ao redor

Discuta as seguintes perguntas em grupo:

- Como os estilos de personalidade do seu grupo podem fortalecer o grupo como um todo?
- Como vocês podem usar seus estilos de personalidade coletiva para servir alguém necessitado nos próximos trinta dias?

Olhe para cima

Use o tempo de oração para interceder pela pessoa/família/grupo que você indicou acima, a que o seu grupo procurará servir nos próximos trinta dias.

Capítulo 6: Áreas de experiência

Considere

Discuta o seguinte texto bíblico em grupo e como ele se relaciona com a nossa experiência:

> Bendito seja o Deus e Pai de nosso Senhor Jesus Cristo, Pai das misericórdias e Deus de toda consolação, que nos consola em todas as nossas tribulações, para que, com a consolação que recebemos de Deus, possamos consolar os que estão passando por tribulações (2Co 1.3-4).

Investigue

Compartilhe suas respostas com o grupo:

- Descreva para o grupo um retrato positivo e um doloroso do seu "corredor da vida".
- Compartilhe com o grupo como esses dois retratos podem ser usados para mostrar o amor de Deus para outras pessoas a seu redor.

Olhe ao redor

Discuta as seguintes perguntas em grupo:

- Compartilhe uma experiência positiva que você teve neste ou noutro grupo e como essa experiência impactou o grupo.
- Compartilhem uns com os outros uma experiência dolorosa que tenham tido neste ou noutro grupo e como essa experiência impactou o grupo.

Olhe para cima

Para o seu tempo de oração, divida o grupo em dois grupos menores e peça a seu sub-grupo para orar por uma experiência dolorosa em sua vida que ainda o incomoda.

Capítulo 7: A rendição

Considere

Discuta o seguinte texto bíblico em grupo. De que ele nos pede para nos desvencilharmos?

De acordo com o escritor da carta aos Hebreus, a perseverança é algo vital quando se trata de nossa jornada espiritual. E como administrar essa resistência? Ouça as suas palavras: "Portanto, também nós, uma vez que estamos rodeados por tão grande nuvem de testemunhas, livremo-nos de tudo o que nos atrapalha e do pecado que nos envolve, e corramos com perseverança a corrida que nos é proposta, tendo os olhos fitos em Jesus, autor e consumador da nossa fé" (Hb 12.1,2).

Investigue

Compartilhe suas respostas com o grupo:

- O que atualmente está atrasando ou distraindo você de ser tudo aquilo que Deus planejou?
- Você entregou tudo completamente (preocupações, feridas, erros, fraquezas, desejos) a Deus? Se entregou, compartilhe o seu momento de entrega com o grupo. Se não, pense em usar o seu momento no grupo para se render hoje.

Olhe ao redor

Discuta as seguintes perguntas em grupo:

- Existe algo em seu grupo que esteja sendo um peso ou o esteja desviando de ser tudo o que Deus deseja para ele?
- O que poderia significar/a que seria semelhante a rendição coletiva — como grupo, como igreja?

Olhe para cima

Durante o seu momento de oração junte-se a outra pessoa do grupo e leiam juntos os seguintes versículos em voz alta. Depois confesse algo que Deus tenha trazido à tona.

Sonda-me, ó Deus, e conhece o meu coração; prova-me, e conhece as minhas inquietações. Vê se em minha conduta algo te ofende, e dirige-me pelo caminho eterno (Sl 139.23-24).

Capítulo 8: Altruísmo

Considere

Discuta o seguinte texto bíblico em grupo e como ele pode impactar a nossa vida diária:

Quem quiser tornar-se importante entre vocês deverá ser servo, e quem quiser ser o primeiro deverá ser escravo; como o Filho do homem, que não veio para ser servido, mas para servir e dar a sua vida em resgate por muitos (Mt 20.26-28).

Investigue

Compartilhe suas respostas com o grupo:

- Descreva uma ocasião em que você teve o mesmo comportamento do bom samaritano e como isso o fez se sentir.
- Quando solicitado a usar seus recursos para suprir necessidades de outras pessoas, qual costuma ser a sua primeira resposta e por quê?

Olhe ao redor

Discuta as seguintes perguntas em grupo:

- Que obstáculos, se existem, têm impedido o seu grupo de servir outras pessoas fora do grupo?
- O que é mais importante para Deus... a administração de suas virtudes ou ter um coração de servo? Por quê? Use a Escritura para embasar suas idéias.

Olhe para cima

Use o seu momento de oração para celebrar uma pessoa (ou duas) do grupo que melhor expresse e exemplifique o estilo de vida "altruísta".

Capítulo 9: Melhor juntos

Considere

Discuta o seguinte texto em grupo e compartilhe como o seu grupo serve de modelo destas características de amor um pelo outro:

> O amor é paciente, o amor é bondoso. Não inveja, não se vangloria, não se orgulha. Não maltrata, não procura seus interesses, não se ira facilmente, não guarda rancor. O amor não se alegra com a injustiça, mas se alegra com a verdade. Tudo sofre, tudo crê, tudo espera, tudo suporta (1Co 13.4-7).

Investigue

Compartilhe suas respostas com o grupo:

- Fale de uma ocasião em que você tenha falado a alguém que estava "ótimo", quando na verdade não estava. O que o impediu de compartilhar seus verdadeiros sentimentos?
- Compartilhe um momento quando alguém lhe falou a verdade e você não teve "ouvidos para ouvir" o que estava sendo dito. Como essa experiência afetou a sua vida?

Olhe ao redor

Discuta as seguintes perguntas em grupo:

- O autor defende a idéia de que a comunhão aumenta quando diminui a competição. Existe alguma competição entre os integrantes do grupo? Se sim, conversem a respeito disso e sobre como ela pode impedir o grupo de desenvolver verdadeira comunhão uns com os outros.
- Compartilhem uns com os outros quem você convidou para o seu quadro de conselheiros e como eles fortalecerão a sua vida.

Olhe para cima

Durante o momento de oração, dividam-se em dois grupos menores. Orem pelas pessoas que você quer colocar na sua Equipe de Treinamento FORMA.

Capítulo 10: Propósito no Reino

Considere

Discuta o seguinte texto em grupo. Como especificamente a confiança desempenha um papel vital em nossa capacidade de descobrir e realizar o nosso Propósito no Reino?

A Bíblia diz: "Tal é a confiança que temos diante de Deus, por meio de Cristo. Não que possamos reivindicar qualquer coisa com base em nossos próprios méritos, mas a nossa capacidade vem de Deus" (2Co 3.4,5).

Investigue

Compartilhe suas respostas com o grupo:

- Como você se sentiu ao sonhar pelo Reino de Deus? Por quê?
- Compartilhe uma descrição detalhada do seu Sonho de Reino.
- Descreva ao grupo o seu Ponto de Eficiência para o serviço.
- Compartilhe seu esboço de Declaração de Propósito no Reino.
- Como você pretende fazer o *test-drive* do seu Propósito no Reino nos próximos noventa dias?

Olhe ao redor

Discuta as seguintes perguntas em grupo:

- Se você ainda não conseguiu *CAPTEar* o seu Propósito no Reino, use esse momento em grupo para ajudarem uns aos outros a fazerem isso. Comece do mais velho para o mais jovem. Peça a Deus que lhe dê sabedoria. Isso pode custar algumas reuniões do grupo, mas tudo bem.
- Compartilhem uns com os outros quaisquer temores que possam ter sobre descobrir e realizar o seu Propósito no Reino.

Olhe para cima

Concentre a oração em pedir a Deus que dê aos integrantes do grupo que ainda não fizeram uma Declaração de Propósito no Reino o esclarecimento e a confiança para fazê-lo.

REFLETINDO COM O GRUPO

Capítulo 11: Passando adiante

Considere

Discuta o seguinte texto em grupo. O que Deus está claramente pedindo de cada um de nós como seus discípulos:

> A quem muito foi dado, muito será exigido; e a quem muito foi confiado, muito mais será pedido (Lc 12.48b).

Investigue

Compartilhe suas respostas com o grupo:

- Descreva uma ocasião em que alguém investiu na sua vida e como você se sentiu.
- Descreva uma ocasião em que você investiu em alguém e como você se sentiu.
- Compartilhe o nome de uma pessoa em quem você gostaria de começar a investir.

Olhe ao redor

Discuta as seguintes perguntas em grupo:

- Existe alguém fora do grupo que vocês gostariam de convidar para poderem investir coletivamente na vida dessa pessoa?
- Como o seu grupo tem treinado, encorajado, ajudado e aconselhado uns aos outros durante o tempo em que estão juntos?

Olhe para cima

No momento de oração, ore pela pessoa à sua direita, particularmente pelos desejos dela de investir na pessoa mencionada anteriormente. Ore por coragem de Deus para esse integrante do grupo e que Deus prepare o coração da pessoa a ser convidada.

Capítulo 12: Potencial pleno

Considere

Discuta o seguinte texto em grupo e o que ele significa pessoalmente para cada um.

> Estou convencido de que aquele que começou boa obra em vocês, vai completá-la até o dia de Cristo Jesus. (Fp 1.6).

Investigue

Compartilhe suas respostas com o grupo:

- Como Deus o mantém "maleável" na vida?
- "Silenciar" o seu coração é fácil ou difícil? Explique sua resposta.
- Retome o inventário das páginas 32-34 e observe como Deus trouxe mais clareza à sua vida durante este estudo. Compartilhe suas descobertas com o grupo.

Olhe ao redor

Discuta as seguintes perguntas em grupo:

- É fácil ou difícil para cada membro do grupo cumprir o mandamento de Deus de um *shabath* semanal? Que sugestões você daria para ter um tempo separado com Deus?
- Compartilhe a sua "Declaração de Propósito no Reino", se não o fez no capítulo dez. Compartilhe também como está indo o seu *test-drive*.
- Como podemos afiar a FORMA uns dos outros?

Olhe para cima

Conclua este estudo louvando a Deus por sua graça e bondade demonstrada em seu grupo. Agradeça-lhe por tudo o que ele tem feito em cada pessoa separadamente e no grupo todo.

NOTAS

Mensagem do autor

[1] Rick WARREN. *Uma vida com propósitos.* São Paulo: Vida, p. 242.

Capítulo 1 – Obra-prima

[1] Rick WARREN. Op. cit. p. 252
[2] Max LUCADO. *You Are Special.* Nashville: Thomas Nelson, 1997 [**Você é especial. São Paulo:** United Press, 2002**]**.
[3] Tom PATERSON. De um *e-mail* do autor, usado com permissão.
[4] Max LUCADO. *Cure for the Common Life. www.maxlucado.com.* Transcrição de videoconferência.
[5] Rick WARREN. *Uma igreja com propósitos.* São Paulo: Vida, 1997.
[6] Descrição de *A Dança,* de Henri Matisse e de *Os lírios d'água,* de Claude Monet adaptadas do *site*: http//www.hermitagemuseum.org/html_Em/08/hm88_0_2_701.html, http:www.hermitagemuseum.org/html_Em/04/b2003/hm4_1_14.html. The State Hermitage Museum, São Petersburgo, Rússia.
[7] Descrição de *A noite estrelada,* de Vincent Van Gogh, adaptada do WebMuseum em http://ibiblio.org/vm/paint/auth/gogh/starry-night.

Capítulo 2 – Formação espiritual

[1] Leslie B. FLYNN. *19 Gifts of the Spirit.* Colorado Springs: Cook Communications, 1974, 1994, p. 17-8.
[2] Idem, Ibidem, p. 27
[3] Os GUINNESS. *The Call: Finding and Fulfilling the Central Purpose of Your Life.* Nashville: W Publishing, 2003, p. 45.
[4] Rick WARREN. *Uma vida com propósitos,* p. 263.
[5] Helen KELLER. Citada em Susan Miller, *True Woman: The Beauty and Strengh of a Goody Woman.* Wheaton, Ill.: Crossway, 1997, p. 112.
[6] Arthur F. MILLER JR. *Why You Can't Be Anything You Want to Be.* Grand Rapids, Mich.: Zondervan,1999, p. 237-8.
[7] Rick WARREN. Op.cit, p.267
[8] Erwin Raphael MCMANUS/Rick WARREN. *Seizing Your Divine Moment.* Nashville: Thomas Nelson, 2002, p.76-7.

Capítulo 3 – Opções do coração

[1] Tom PATERSON. *Living the Life You Were Meant to Live.* Nashville: Thomas Nelson, 1998, p.155.
[2] Rick WARREN. Op.cit. p. 249.
[3] Narrativa sobre Dwight L. MOODY. *Today in the Word,* 1º de fevereiro de 1997: 6.
[4] John ELDREDGE, *Wild at Heart – Field Manual.* Nashville: Thomas Nelson, 2001, p. 248 [*Coração selvagem:* **descobrindo os segredos da alma do homem. São Paulo: CPAD, 2006**].

Capítulo 4 – Recursos pessoais

[1] Rick WARREN. *Uma vida com propósitos,* p. 255.
[2] Robin CHADDOCK, *Discovering Your Divine Assignment.* Eugene: Harvest House, 2005, 78.

³Max LUCADO. *Shaped by God*. Wheaton, Ill.: Tyndale, 1985, p. 3-4 [*Moldado por Deus*. São Paulo: Vida Cristã, 2002].
⁴DICKENS, Charles. A Christmas Carol [*Um conto de Natal*. Porto Alegre: L&PM, 2005].
⁵Arthur F. MULLER JR. *Why you can't be...*, p.111
⁶Andrew MURRAY. *Absolute Surrender*. Minneapolis: Bethany House, 1985, p. 78.
⁷Pat WILLIAMS, Jay STRACK e Jim DENNEY. *The Three Success Secrets of Shamgar*. Deerfield Beach: Faith Communications, 1973, p. 4, 26.
⁸C. S. LEWIS. *The Weight of Glory*. Nova York: Harper Collins, 1949, p. 26 [*Peso de glória*. São Paulo: Vida Nova, 2001].

Capítulo 5 – Modo de ser

¹Gary SMALLEY e John TRENT. *The Two Sides of Love*. Colorado Springs: Focus on the Family Publishing, 1999.
²Florence LITTAUER. *Personality Plus: How to Understand Others by Understanding Yourself*. Grand Rapid, Mich.: Revell, 1992, p.14-5.
³Arthur F. MULLER JR. Op. cit. p. 190.
⁴Rick WARREN. Op. cit. p. 256.
⁵Jane A. G. KISE; David STARK; Sandra Krebs HIRSH. *LifeKeys: Discovering Who You are, Why You're Here, What You do Best*. Minneapolis: Bethany House, 1996, p. 126.
⁶Arthur F. MILLER. Op.cit., p. 11.
⁷Bob BRINER. *Roaring Lambs: A Gentle Plan to Radically Change Your World*. Grand Rapids, Mich.: Zondervan, 1993, p. 18.
⁸KISE, STARK e HIRSH. Op. cit., p. 156.

Capítulo 6 – Áreas de experiência

¹Arthur F.MILLER Jr. *The Truth about You*. Old Tappan, N.J.: Fleming H. Revell, 1977, p. 22.
²Max LUCADO. Op.cit., p. 50-1
³Idem, Ibidem, p. 173.

Capítulo 7 – A rendição

¹Andrew MURRAY. *Absolute Surrender*, p. 80.
²Brad JOHNSON. Citado de uma mensagem na Igreja Saddleback em 24 de julho de 2005.
³David G., BENNER. *Surrender to Love*. Downers Grove Ill.: Intervarsity Press, 2003, p. 81-2 [*A entrega total ao amor*. São Paulo: Loyola, 2006].
⁴Max LUCADO. Op. cit., p. 112.
⁵Rick Warren. Op. cit., p. 87.
⁶John, ORTBERG. *A vida que você sempre quis*. São Paulo: Vida, 2003, p. 164.
⁷Brad JOHNSON, Citado de uma mensagem na Igreja Saddleback em 24 de julho de 2005.
⁸Bruce, WILKINSON. *The Dream Giver*. Sisters, Ore.: Multnomah, 2001, p. 75 [*O doador de sonhos:* um roteiro para uma vida extraordinária. São Paulo: Mundo Cristão, 2004].
⁹Rick WARREN. Op. cit., p. 84.

NOTAS

Capítulo 8 – Altruísmo

¹História de Ashley Smith. Ashley SMITH e Stacy MATTINGLY. *Unlikely Angel.* Grand Rapids, Mich.: Zondervan, 2005.
²Andrew MURRAY. *Humility.* Minneapolis: Bethany House, 1973, prefácio.

Capítulo 9 – Melhor juntos

¹John ORTBERG. *A vida que você sempre quis.* São Paulo: Vida, 2003, p. 52.

Capítulo 10 – Propósito no Reino

¹Bruce WILKINSON. Op. cit. p. 6.
²Jim COLLINS. *Good to Great.* New York: HarperCollins, 2001, p. 232-4.
³Chip INGRAM. *Holy Ambition.* Chicago: Moody Press, 2002, p. 116-7.
⁴Rick WARREN. Op.cit., p. 305-6.
⁵Bill HYBELS. *The Volunteer Revolution.* Grand Rapids, Mich.: Zondervan, 2004, p. 15, 67 [*A revolução no voluntariado.* **São Paulo: Mundo Cristão, 2005**].

Capítulo 11 – Passando adiante

¹Tim ELMORE. *Mentoring: How to Invest Your Life in Others.* Atlanta: EQUP, 1998, p.18.
²James DOBSON. *Bringing Up Boys.* Wheaton, Ill.: Tyndale, 2001, p. 247. [***Educando meninos.* São Paulo: Mundo Cristão, 2003**].
³Tim ELMORE. *Mentoring*, p. 21-2.
⁴Karen KASEY e James JENNINGS. *In God's Care: Daily Meditations on Spirituality in Recovery.* Deerfield Beach: Hazelden, 1991, p. 5.
⁵Bill HYBELS. Série de sermões "Love of Another Kind".

Capítulo 12 – Potencial pleno

¹John ORTBERG. *A vida que você sempre quis*, p. 94
²Mark BATTERSON. National Community Church, <*www.theaterchurch.com*>, divulgado em 14 de janeiro de 2003.
³John O'DONOHUE. Anam Cara: A Book of Celtic Wisdom. New York: HarperCollins, 1988, p. 85 [***Anam Cara*: um livro da sabedoria celta. Rio de Janeiro: Rocco, 2000**].
⁴Rick WARREN. Op. cit. p.294.
⁵Dallas WILLARD. Citado num culto *online* por Mark Batterson, <*www.theaterchurch.com*>, em 14 de janeiro de 2003.
⁶Tom PATERSON. *Living the Life You Were Meant to Live,* p. 80.

Outras versões da Bíblia a que se fez menção:

BV   Bíblia Viva, São Paulo: Mundo Cristão, 1981.
Msg   The Message, Colorado Springs: NavPress, 1993 [**No prelo por Editora Vida**].
NTLH Nova Tradução da Linguagem de Hoje, São Paulo: SBB, 2000.

Esta obra foi composta em *Braskerville* e impressa por
Imprensa da Fé sobre papel *Chamois Fine* 67 g/m² para
Editora Vida em abril de 2007.